GOLDMANN

Buch

Daß Vollwertkost den Maximen der modernen Ernährungslehre entspricht, hat sich herumgesprochen. Daß sie auch höchsten kulinarischen Ansprüchen genügen kann, wird in diesem Buch bewiesen. 28 Vollwertmenüs werden vorgestellt, das sind 120 Rezepte, dazu Einkaufstips und praktische Informationen über gesunde Ernährung und den Umgang mit vollwertigen Produkten.

Autorin

Dr. Barbara Rias-Bucher ist eine der bekanntesten Kochbuchautorinnen Deutschlands. Sie hat bereits eine Reihe von Kochbüchern zum Thema Vollwertkost veröffentlicht.

Von Barbara Rias-Bucher ist beim Goldmann-Verlag außerdem erschienen:

Brigitte Vollwert-Diät (13744)

BARBARA RIAS-BUCHER

Brigitte
VOLLWERT MENÜS

Gesund genießen –
28 Menüs ganz ohne Fleisch

Ein **Brigitte**-Buch
bei Goldmann

Umwelthinweis
Alle gedruckten Materialien dieses Taschenbuches
sind chlorfrei und umweltschonend.
Das Papier enthält Recycling-Anteile.

Der Goldmann Verlag ist ein Unternehmen
der Verlagsgruppe Bertelsmann

Im Text vollständige Taschenbuchausgabe September 1995
Wilhelm Goldmann Verlag, München

Umschlaggestaltung: Design Team München
Umschlagfoto: Achim Deimling-Ostrinsky
Fotos im Bildteil: Heino Banderob (1, 3, 15), Hans Bühner (10/11),
Achim Deimling-Ostrinsky (4/5, 6, 9, 14, 16), Ortwin Möller (2, 7, 8, 12/13)
Lektorat: Marita Heinz
Herausgeberin: Anne Volk
Satz: All-Star-Type Hilse, München
Druck: Pressedruck Augsburg
Verlagsnummer: 13853
ss · Herstellung: Martin Strohkendl
Made in Germany
ISBN 3-442-13853-1

1 3 5 7 9 10 8 6 4 2

Inhalt

Vorwort

120 Rezepte bringen Sie und Ihre Gäste auf den Geschmack: ob Sie ein kräftiges Herbstmenü oder ein leichtes frühlingsfrisches Essen servieren, ob Sie viele Freunde oder einen kleinen Kreis bewirten, ob Sie neue Spezialitäten kennenlernen oder mit all dem Guten kochen wollen, das die vegetarische Küche bietet.

Wo Sie die Zutaten kaufen können, sagen Ihnen die Einkaufstips. Wie Sie richtig planen, damit Sie ohne Zeitdruck arbeiten und entspannt genießen können, finden Sie bei jedem Menü ausführlich beschrieben. Was Sie ganz allgemein über vollwertige Ernährung wissen wollen, steht in einem eigenen Kapitel. Infokästen beschreiben exakt, wie man Sprossen keimt, Gemüsebrühe zubereitet oder Getreide gart.

Bei der Vollwertkost kommt es darauf an, daß jede Mahlzeit ausgewogen ist. Jedes Menü dieses Buches ist so aufgebaut, daß alle Nährstoffe stimmen. Welches Menü Sie auch wählen: es macht auf höchst angenehme Weise satt und deshalb überhaupt nicht schlapp.

Was heißt vollwertig essen?

Vollwertkost ist kein kulinarischer Trend, sondern eine von Wissenschaftlern empfohlene Form der Ernährung mit einem hohen Anteil an Lebensmitteln, die

- möglichst naturbelassen und deshalb nährstoffreich sind, zum Beispiel ganze Getreidekörner, kaltgepreßtes Öl;
- den Körper bei einer Mahlzeit mit möglichst allem versorgen, was er braucht, also mit Eiweiß, Fett, Kohlenhydraten, Ballaststoffen, Vitaminen und Mineralstoffen;
- sich durch ihren Nährwert besonders gut ergänzen, dem Körper zum Beispiel wertvolles Eiweiß liefern.

Für die tägliche Ernährung heißt das: Setzen Sie reichlich Getreide und Vollkornprodukte, Hülsenfrüchte und Kartoffeln, Gemüse und Obst, Milchprodukte, hin und wieder Eier, aber wenig Fleisch auf Ihren Speisezettel.

Die Sache mit dem Eiweiß

Eiweiß, Grundbaustein des Körpers, muß mit der Nahrung unbedingt zugeführt werden. Besonders hochwertiges, für den Körper leicht verwertbares Eiweiß liefern vor allem Lebensmittel, die von Tieren stammen: Fleisch und Fisch, Milchprodukte und Eier. Trotzdem sind nicht alle für die Ernährung optimal: Fleisch z. B. enthält reichlich Fett und – wie Eier – Cholesterin, jedoch so gut wie gar keine verdauungsfördernden Ballaststoffe. Hoher Fleischkonsum kann zu Übergewicht, Gicht-, Herz- und Gefäßleiden, wahrscheinlich auch Krebs führen. Deshalb ist es wichtig, Fleisch möglichst oft durch andere – auch pflanzliche – Eiweißquellen zu ersetzen: Gut sind Getreide und alle Vollkornprodukte, Hülsenfrüchte, Kartoffeln und Nüsse. Damit der Körper dieses Pflanzeneiweiß ebensogut verwerten kann, kombiniert man diese Lebensmittel. Und zwar

- Getreide und Vollkornprodukte mit Milch, Nüssen oder Eiern;

- Hülsenfrüchte mit Getreide, Vollkorn- und Milchprodukten, Nüssen und Eiern;
- Kartoffeln mit Milchprodukten und Eiern.

Pflanzliche Produkte liefern also ebenfalls sehr wertvolles Eiweiß, dazu eine ganze Menge Kohlenhydrate und Ballaststoffe, dabei aber viel weniger Energie, sprich: Kalorien.

Kohlenhydrate – die Fitmacher

Kohlenhydrate bilden den Hauptbestandteil der meisten pflanzlichen Lebensmittel. Man unterscheidet sie nach drei Gruppen:

- schwer lösliche Stärke, die dem Körper am meisten Verdauungsarbeit macht;
- leicht löslicher Zucker, der rasch ins Blut übergeht;
- unverdauliche Zellulose, auch Ballaststoffe genannt.

Schwer lösliche Stärke aus Getreide, Vollkornprodukten, Hülsenfrüchten, Gemüse, Obst, Kartoffeln und Nüssen verwandelt der Körper nach und nach in (leicht löslichen) Zucker; dieser langsame Prozeß ruft das angenehme Gefühl des Sattseins hervor. Bei leicht löslichem Zucker (enthalten z. B. in Kuchen und Süßwaren) tritt sehr rasch ein Sättigungseffekt ein. Er hält jedoch nicht an, weil der Blutzuckerspiegel ebenso schnell wieder absinkt, wie er zuvor angestiegen ist. Man bekommt Hunger und nimmt erneut Nahrung zu sich.

Lebensmittel mit schwer löslicher Stärke sollten Sie ganz oben auf Ihren Speisezettel setzen, damit Sie sich nicht nur beim Essen, sondern auch danach noch wohl fühlen.

Ballaststoffe – die Schlankmacher

Lange galten Ballaststoffe als überflüssig für die Ernährung – daher auch die etwas abwertende Bezeichnung für diese wichtige Untergruppe der Kohlenhydrate. Inzwischen weiß man, daß Ballaststoffe

- den Magen füllen und – unabhängig vom Kaloriengehalt eines Lebensmittels – sättigen;
- nützlichen Darmbakterien als Nahrung dienen, somit die gesunde Darmflora unterstützen und die Verdauung fördern;
- Schadstoffe im Darm an sich binden, die so leicht wieder ausgeschieden werden können und den Körper nicht belasten;
- für den raschen Transport der Nahrung durch den Darm sorgen und damit bestimmten Erkrankungen vorbeugen.

Ballaststoffe, die in Gemüse und Obst enthalten sind, senken zudem den Cholesterinspiegel. Ballaststoffreiche Lebensmittel wie Getreide oder Hülsenfrüchte liefern zwar relativ viele Kalorien; doch von dieser Energie kann der Körper etwa ein Drittel gar nicht nutzen. Sie machen also nicht dick!

Wichtig beim Einkauf

Der Gesundheit zuliebe brauchen Sie nicht unbedingt *alle* Lebensmittel aus biologischem Anbau zu kaufen; heute ist gar nichts mehr frei von Schadstoffen, und auch der Biobauer ist machtlos gegen die Belastung von Luft und Wasser. Doch zu einer vollwertigen Ernährung gehört sicher, daß man beim Einkauf wählerisch ist und schlechte Qualität zurückweist: Lasches Gemüse schmeckt nicht und enthält kaum Nährstoffe. Auf das Aussehen allein kann man sich aber leider nicht verlassen: Im wunderbar großen Apfel mit den hübschen roten Bäckchen steckt vielleicht mehr an schädlichen Rückständen, als Ihrem Körper lieb ist.

Zweifellos tragen wir als Verbraucher auch Verantwortung: Durch die starke Nachfrage nach preisgünstigem Fleisch wird die – inhumane – »Tierproduktion« noch unterstützt, und wer ein billiges Ei kauft, sollte sich nicht über Legebatterien wundern. Die Überproduktion an Lebensmitteln fördert die Ausbeutung des Bodens, nicht die Qualität der Nahrung.

Inzwischen gibt es eine Reihe von Landwirten, die sich um bodengerechten Anbau und artgerechte Tierhaltung bemühen. Sie erzielen nicht so große Erträge und müssen ihre Produkte teurer verkaufen. Wenn es das Budget erlaubt, sollte man häufiger solche Lebensmittel kaufen, die nicht nur gut *schmecken*, sondern wirklich gut *sind*.

Lassen Sie sich beim Kauf aber nicht durch den – verkaufsfördernden – Zusatz »Bio« leiten, sondern lieber von Markennamen, die qualitativ hochwertige Produkte aus kontrolliertem Anbau garantieren: Es sind

- demeter, biodyn, ANOG, Biokreis Ostbayern und Naturland.
- Adressen aus dem gesamten Bundesgebiet von (allen) Herstellern, Groß- und Einzelhändlern von Naturkost, also auch von Grünen Läden, Biobauern und -metzgern finden Sie in »Das alternative Branchenbuch«, erhältlich in Buchhandlungen, Grünen Läden und Reformhäusern.

Vollwertig essen mit Freunden

Jedes Menü, zu dem Sie Freunde einladen, soll für alle Beteiligten ein Genuß sein. Damit alles reibungslos klappt, auch wenn Sie noch nicht darin geübt sind, vollwertig zu kochen, hier ein paar wichtige Tips:

- Solange Sie selbst oder Ihre Gäste an ballaststoffreiche Ernährung noch nicht gewöhnt sind, sollten Sie ein Menü aus dem ersten Kapitel dieses Buches wählen: Hier sind alle Gerichte so kombiniert, daß Magen und Geschmacksnerven auf die Vollwertkost erst mal eingestimmt und nicht durch zuviel Neues überfordert werden.
- Ein rein vegetarisches Menü mag vielleicht nicht jeder. Das sollten Sie bei der Zusammenstellung der Tischrunde berück-

sichtigen. Oder Sie ergänzen ein Gericht durch Fisch oder Fleisch – entsprechende Vorschläge finden Sie bei einigen Rezepten.

- Bei der richtigen Wahl helfen Ihnen auch die Einführungen, die zu Beginn jedes Menüs stehen. Sie finden hier die genaue Speisenfolge und die Angabe der Personenzahl. Bei Menüs für vier Personen, stehen außerdem Vorschläge, wie Sie auch eine größere Tischrunde bewirten können. Und es wird z. B. gesagt, ob die Gerichte eher fein oder deftig schmecken, ob Sie sich bei den Zutaten nach dem Angebot der Jahreszeit richten sollten und welche Lebensmittel den Schwerpunkt bilden. Sie wissen also schon beim ersten Durchlesen, ob dieses Menü Ihrem und dem Geschmack Ihrer Gäste entspricht.
- Die Planung ist bei jedem kompletten Menü besonders wichtig: Sie kochen ja nicht nur eines, sondern mindestens drei Gerichte. Und immer sind entspannte Gastgeber/innen bei einem gemütlichen Essen wichtiger als deren Höchstleistungen in der Küche. Für die Vollwertküche reicht zwar normale Kochroutine, und vollwertig zu kochen erfordert im allgemeinen auch nur ganz normalen Zeitaufwand. Allerdings gibt es Zutaten, die länger vorbereitet werden müssen: zum Beispiel Getreide, Hülsenfrüchte und Sprossen. Lesen Sie deshalb nicht nur die Rezepte genau durch, sondern auch alles, was zu Einkauf und Vorbereitung gesagt wird.
- Beachten Sie bitte, daß alle Zeiten für Vor- und Zubereitung sowie Gar- und Backzeiten nur Circa-Angaben sein können. Wenn Sie wenig Routine beim Kochen haben, sollten Sie zur Sicherheit etwas mehr Zeit einplanen. Für routinierte Köche und Köchinnen, die nur mit der Vollwertkost noch keine Erfahrung haben, treffen die Zeitempfehlungen recht genau zu.
- Alle Menüs können auch im Team gekocht werden: Teilen Sie einfach die verschiedenen Arbeitsgänge auf. So wird vollwertig Kochen zum unterhaltsamen Gesellschaftsspiel, bei dem jeder ganz nebenbei noch etwas über neue Lebensmittel und gesundes Essen erfährt.

- Für den Einkauf finden Sie Hinweise, wo Sie neue oder besonders gute Zutaten ohne Probleme bekommen. Vieles gibt es auch im Supermarkt. Was man ohnehin im Supermarkt kauft, ist nicht extra aufgeführt, auch das nicht, was man meist vorrätig hat. Für Ihre persönliche Einkaufsliste müssen Sie deshalb auch die Rezepte durchsehen.
- Ballaststoffreiches Essen bekommt am besten, wenn man viel dazu trinkt. Halten Sie deshalb immer auch Alkoholfreies bereit. Bei der Wahl der Getränke richten Sie sich nach dem Menü, das Sie kochen wollen: Zu scharf gewürzten Speisen paßt zum Beispiel Bier oder Sprudel, zu einer Mahlzeit mit viel Gemüse schmeckt ein fruchtiger Weißwein, zu würzigen Getreidegerichten ein kräftiger Rotwein. Zu einem indischen Menü können Sie sehr gut gewürzten Tee (gibt es in Grünen Läden) servieren, zum Chinamenü unfermentierten grünen Tee, und zu einem Menü, in dem nordafrikanische Spezialitäten kombiniert sind, zum Beispiel auf Seite 174, paßt Pfefferminztee.

Menüs zum Einstimmen

Aller Anfang sollte leicht sein in der Vollwertkost. Deshalb haben die ersten neun Menüs gar nichts mit kräftiger Körnerküche zu tun, sondern bieten eine Kombination feiner, leicht verdaulicher Mahlzeiten, die ohne Fleisch angenehm sättigen.
Sie finden hier lauter Gerichte, die Sie aufs vollwertige Kochen und Essen einstimmen und davon überzeugen werden, daß die vegetarische Küche nicht nur gesund ist, sondern auch hohen kulinarischen Ansprüchen genügt.

1. Menü

Preiswert und ganz einfach

1.
Eierkuchen mit Kräutern

2.
Blumenkohlgratin mit Erbsen

3.
Pfirsiche in Rotwein

Für 4 Personen

Ein Menü, das wirklich leicht zu kochen ist. Besonders gut eignet es sich auch für Alleinstehende, die Gäste bewirten: Vorspeise und Dessert lassen sich nämlich ganz, beim Hauptgericht die wesentlichen – zeitaufwendigeren – Arbeitsschritte zubereiten, bevor man sich zu Tisch setzt. Sie können sich also Ihren Gästen widmen und müssen nicht zwischendurch für längere Zeit in der Küche verschwinden. Die Gerichte sind für jeden gut verträglich, selbst wenn man an ballaststoffreiches Essen noch nicht so gewöhnt ist. Trotzdem macht die Kombination von Eierkuchen, Gemüse, Mehl-Sahnesoße und Kartoffeln satt und liefert biologisch hochwertiges Eiweiß. Für mehr als vier Personen erweitern Sie das Menü um »Marinierte Lauchzwiebeln mit Sprossen« (Rezept Seite 23), die Sie vor den Eierkuchen servieren.

Tips für den Einkauf

Im Supermarkt gibt es: Crème fraîche, Joghurt, Tiefkühl-Erbsen, Bergkäse (ersatzweise Emmentaler Käse), Rotwein, Honig, fast alle Gewürze;
im Grünen Laden oder Reformhaus: Eier, Koriander, (kaltgepreßtes) Öl in verschiedenen Sorten, Weizenvollkornmehl, grobes Meersalz, Zuckerrohrgranulat;
beim Gemüsehändler: alle Kräuter (ersatzweise für Basilikum: Petersilie), gleichmäßig kleine Kartoffeln, Blumenkohl, unbehandelte Zitrone, Pfirsiche.

Vorbereitung

- Am Vorabend oder fünfeinhalb Stunden vor dem Essen; Pfirsiche zubereiten und kühlen;
- etwa 80 Minuten vor dem Essen: Eierkuchen und Creme zubereiten und zugedeckt beiseite stellen; geputzten Blumenkohl und Erbsen vorgaren, Soße zubereiten (Gesamtdauer etwa 60 Minuten);
- etwa 20 Minuten vor dem Essen: Kräutereierkuchen auf Tellern anrichten und auf den Tisch stellen; Pfirsiche anrichten und bei Zimmertemperatur stehenlassen; gewaschene Kartoffeln zum Garen aufsetzen; Blumenkohl und Erbsen in die Form geben, mit Soße überziehen und in den kalten Backofen schieben;
- unmittelbar vor dem Essen: Backofen einschalten;
- nach der Vorspeise: Kartoffeln abgießen, kurz ausdämpfen lassen, in eine Schüssel geben und mit Meersalz bestreuen. Hauptgericht servieren.

Eierkuchen mit Kräutern

1 Bund Schnittlauch, 2 Bund Basilikum, 6 Eier, 1 Messerspitze gemahlener Koriander, Salz, frisch gemahlener weißer Pfeffer, Muskat, 20 g Butter, 1 Eßl. Öl (Distel- oder Maiskeimöl), $^1/_2$ Becher Crème fraîche (100 g), 1 Eßl. Joghurt (3,5 %), Cayennepfeffer.

Kräuter waschen und trockentupfen. Einige Basilikumblättchen abzupfen und zum Garnieren beiseite legen. Kräuter fein zerkleinern, mit verquirlten Eiern, Koriander, Salz, Pfeffer und Muskat mischen. Die Hälfte von Butter und Öl in einer Pfanne erhitzen. Eier zugeben und bei kleiner bis mittlerer Hitze zugedeckt in etwa fünf Minuten stocken lassen. Eierkuchen wenden und im restlichen Fett weitere fünf Minuten braten. Auf eine Platte stürzen und bis zum Servieren zugedeckt beiseite stellen. Crème fraîche mit Joghurt verrühren und kühlen. Eierkuchen wie eine Torte aufschneiden und auf Tellern verteilen. Mit der Creme garnieren. Die Creme mit Cayennepfeffer bestäuben. Basilikumblättchen dazulegen.

Pro Portion 1 g pflanzliches Eiweiß, 10 g tierisches Eiweiß, 18 g Fett, 2 g Kohlenhydrate; 250 Kalorien/1045 Joule.

Blumenkohlgratin mit Erbsen

500 g kleine Kartoffeln, 1 Eßl. Kümmel, 1 Blumenkohl (etwa 1,5 kg), Salz, 1 Paket Tiefkühl-Erbsen (300 g), 40 g Weizenvollkornmehl, $^1/_4$ l Milch, $^1/_2$ Becher Schlagsahne (125 g), 150 g frisch geriebener Bergkäse, Cayennepfeffer, Muskat, 20 g Butter, 1 Teel. grobes Meersalz.

Kartoffeln waschen. Mit der Schale mit Kümmel etwa 30 Minuten garen. Blumenkohl putzen, in Röschen teilen, waschen und in Salzwasser fünf Minuten garen. Erbsen zwei Minuten mitgaren. Abgießen (Kochwasser auffangen) und in eine ofenfeste Form geben. Mehl bei mittlerer Hitze unter Rühren anrösten. Unter ständigem Weiterrühren einen Achtelliter Blumenkohlwasser und die Milch zugießen. Soße bei kleiner Hitze fünf

Minuten kochen und dabei so lange rühren, bis sie glatt ist. Sahne, Käse, Cayennepfeffer und Muskat untermischen. Soße über die Gemüse gießen und mit Butterflöckchen belegen. In den kalten Backofen schieben. Auf 250 Grad / Gas Stufe 5 schalten. Gemüse in etwa 20 Minuten goldgelb überbacken. Kartoffeln abgießen und mit Meersalz bestreuen.

Pro Portion 17 g pflanzliches Eiweiß, 14 g tierisches Eiweiß, 28 g Fett, 60 g Kohlenhydrate; 640 Kalorien/2673 Joule.

Pfirsiche in Rotwein

1/2 l trockener Rotwein, 20 g Zuckerrohrgranulat, 1 Eßl. Honig, 3 Gewürznelken, 1 Stück Zimtstange, 1 Stück Zitronenschale, 4 reife Pfirsiche (etwa 600 g).

Wein mit Zuckerrohrgranulat, Honig, Nelken, Zimtstange und Zitronenschale aufkochen und zugedeckt bei kleiner Hitze 15 Minuten kochen lassen. Gewaschene oder gehäutete Pfirsiche rundherum mehrmals mit einem Zahnstocher einstechen, damit sie das Aroma des Suds annehmen. Pfirsiche in den Sud legen, erneut aufkochen und zugedeckt bei kleiner Hitze acht Minuten garen. Pfirsiche in eine Schüssel geben, mit dem Sud übergießen und zugedeckt darin etwa fünf Stunden kühlen. Früchte in Dessertschalen oder tiefe Teller legen. Sud durch ein Sieb gießen und über den Pfirsichen verteilen.

Pro Portion 1 g pflanzliches Eiweiß, – tierisches Eiweiß, – Fett, 10 g Kohlenhydrate; 140 Kalorien/584 Joule.

TIP: Wenn Kinder mitessen, können Sie den Wein durch ungesüßten roten Fruchtsaft und den Saft von 1/2 Orange ersetzen.

2. Menü

Leichte Frühlingsküche

1.
Marinierte Lauchzwiebeln
mit Sprossen

2.
Kohlrouladen mit Kräuterpaste
Pellkartoffeln
Holländische Soße

3.
Kaiserschmarren mit Nüssen
und Rum-Korinthen

Für 6 Personen

Für Leute, die die Vollwertküche erst kennenlernen wollen, ist dieses Menü sehr gut geeignet, denn das Neue daran – wie selbstgezogene Sprossen und Vollkornmehl – versteckt sich in ganz bekannten Gerichten. Alles ist leicht und in Ruhe zu kochen; selbst die Holländische Soße verlangt keine Routine, wenn Sie sich genau an das Rezept halten. Für den Einkauf brauchen Sie Geschäfte, die hochwertige Lebensmittel führen: Vorspeise und Hauptgericht schmecken nur mit wirklich frischen Gemüsen, aromatischen Kräutern und Kartoffeln von guter Qualität. Auch Zutaten wie die beiden Essigsorten und frischer Parmesankäse sind wichtig.

Tips für den Einkauf

Im Supermarkt oder Feinkostgeschäft gibt es: Weißwein- oder Sherryessig, Balsamessig, Parmesankäse, Gewürze;

im Grünen Laden oder Reformhaus: Alfalfasamen, (kaltgepreßtes) Öl in verschiedenen Sorten; Instant-Gemüsebrühe, Walnuß- und Cashewnußkerne, Korinthen, Weizenvollkornmehl, Eier, Zuckerrohrgranulat;

beim Gemüsehändler: Lauchzwiebeln, Möhren, alle Kräuter (ersatzweise für Basilikum: Petersilie), Spitz- oder Weißkohl, Tomaten, unbehandelte Zitronen, gleichmäßig kleine, neue Kartoffeln.

Vorbereitung

- Drei Tage vorher: Alfalfasamen keimen;
- am Vorabend oder vier Stunden vor dem Essen: Korinthen einlegen, Teig für Schmarren sowie Vorspeise (ohne Möhrenraspel und Sprossen) zubereiten;
- etwa 70 Minuten vor dem Essen: Kräuterpaste zubereiten, Rouladen füllen und zugedeckt beiseite stellen (Gesamtdauer etwa 50 Minuten); Vorspeise fertigstellen, Holländische Soße zubereiten, Schüssel im warmen Wasserbad auf der abgeschalteten Kochstelle stehenlassen. Ein Küchentuch über die Schüssel breiten, einen Deckel auflegen und die Soße so bis zum Servieren warm halten; gewaschene Kartoffeln zum Garen aufsetzen (Gesamtdauer etwa 20 Minuten);
- unmittelbar vor dem Essen: Rouladen aufsetzen und schmoren;
- nach der Vorspeise: Kartoffeln abgießen und ausdämpfen lassen, Hauptgericht servieren;
- nach dem Hauptgericht: Kaiserschmarren backen.

Marinierte Lauchzwiebeln mit Sprossen

1 Eßl. Alfalfasamen, 750 g Lauchzwiebeln, 5 Eßl. Öl (Maiskeim- oder Distelöl), Salz, 1 Zitrone, 1 Knoblauchzehe, 75 ccm Instant-Gemüsebrühe, 1 Eßl. milder Weißwein- oder Sherryessig, 1 Teel. Basalmessig, 1 Möhre (etwa 100 g), 1 Kästchen Gartenkresse, frisch gemahlener weißer Pfeffer.

Alfalfasamen drei Tage keimen lassen (siehe Kasten Seite 118). Lauchzwiebeln putzen, welke grüne Blätter entfernen. Zwiebeln waschen, trockentupfen und im heißen Öl unter Wenden fünf Minuten braten. In eine tiefe Platte legen und salzen. Ein etwa fünf Zentimeter langes Stück Zitronenschale und die abgezogene Knoblauchzehe hacken. Beide Zutaten, Zitronensaft und Brühe in das Bratöl geben und einmal aufkochen. Essig untermischen. Zwiebeln mit der Marinade übergießen und zugedeckt mindestens drei Stunden ziehen lassen. Möhre schälen und raspeln. Mit Alfalfasprossen und Kresseblättchen über die Zwiebeln geben. Pfeffer darübermahlen.

Pro Portion 3 g pflanzliches Eiweiß,- tierisches Eiweiß, 21 g Fett, 9 g Kohlenhydrate; 150 Kalorien/630 Joule.

Kohlrouladen mit Kräuterpaste

1,5 kg Spitzkohl (ersatzweise Weißkohl), Salz, 400 g Tomaten, 1/2 Zitrone, je 1 Bund Petersilie, Basilikum und Schnittlauch, 6 Knoblauchzehen, 150 g frisch geriebener Parmesankäse, 50 g geriebene Walnußkerne, 25 g Butter, 2 Eßl. Olivenöl, frisch gemahlener weißer Pfeffer, 500 g neue Kartoffeln.

Kohl putzen, welke äußere Blätter entfernen, Strunk so gut wie möglich herausschneiden. Reichlich Salzwasser zum Kochen bringen. Spitzkohl darin etwa zwei Minuten (Weißkohl vier Minuten) sprudelnd kochen lassen, bis man die Blätter leicht ablösen kann. Kohlkopf herausnehmen, 18 Blätter vorsichtig ablösen. Kohlkopf weitere fünf Minuten zugedeckt bei kleiner Hitze garen. Herausnehmen, abtropfen lassen und Strunk ganz herausschneiden. Kohl zerkleinern. Tomaten abziehen und hacken. Zitronenschale ebenfalls fein hacken. Kräuter waschen, trockentupfen und zerkleinern. Knoblauchzehen abziehen und durch die Presse drücken. Für die Füllung alle diese Zutaten mit Zitronensaft, Käse, Nüssen, weicher Butter und einem Eßlöffel Öl mischen. Mit Salz abschmecken. Jeweils drei abgelöste Kohlblätter übereinandergelegt auf der Arbeitsfläche ausbreiten. Mit Pfeffer bestreuen und mit Füllung belegen. Blätter zu Rouladen aufrollen und mit Küchengarn umwickeln. Restliches Öl erhitzen, Rouladen darin bei mittlerer Hitze auf der Unterseite anbraten. Drei Eßlöffel Kochwasser zum Kohl zugeben. Rouladen zugedeckt bei kleiner Hitze 20 Minuten schmoren. Parallel dazu gewaschene Kartoffeln mit der Schale in wenig Salzwasser weich garen. Rouladen vorsichtig vom Küchengarn befreien. Kartoffeln abgießen und etwas ausdämpfen lassen. Spitzkohlrouladen und Pellkartoffeln auf vorgewärmten Tellern anrichten und mit etwas Holländischer Soße (Rezept s. u.) überziehen. Den Rest der Soße gesondert dazu reichen.

Pro Portion 7 g pflanzliches Eiweiß, 9 g tierisches Eiweiß, 20 g Fett, 31 g Kohlenhydrate; 345 Kalorien/1468 Joule.

Holländische Soße

200 g Butter, 2 Eigelb, 1 Eßlöffel Zitronensaft, Salz, frisch gemahlener weißer Pfeffer, 1 Prise Cayennepfeffer.

Butter in einem Topf bei mittlerer bis kleiner Hitze zerlassen, aber nicht bräunen, und lauwarm halten. Einen Topf mit heißem Wasser füllen und auf die Kochstelle setzen. Dieses Wasserbad bei kleinster Hitze warm halten. Eine Edelstahlschüssel, die größer als der Topf ist, so daß sie dessen Boden nicht berührt, in das Wasserbad stellen. Eigelb mit zwei Eßlöffel heißem Wasser und Zitronensaft in die Schüssel geben und mit den Quirlen des Handrührgerätes zu einer dickflüssigen, schaumigen Creme aufschlagen. Flüssige Butter unter ständigem Weiterschlagen zuerst tropfenweise, dann in dünnem Strahl zugießen, bis die Soße dick ist. Soße mit Salz, Pfeffer und Cayennepfeffer abschmecken.

Pro Portion – pflanzliches Eiweiß, 1 g tierisches Eiweiß, 30 g Fett, – Kohlenhydrate; 285 Kalorien/1186 Joule.

Kaiserschmarren mit Nüssen und Rum-Korinthen

50 g Korinthen, 1 Eßl. Rum, 40 g Butter, 1/8 l Milch, 1/2 Becher Schlagsahne (125 g), 150 g Weizenvollkornmehl, Salz, 3 Eier, 50 g gehackte Haselnuß- oder Cashewnußkerne, 1 Teel. Puderzucker, Zuckerrohrgranulat nach Geschmack.

Korinthen mit dem Rum beträufeln und vier Stunden zugedeckt ziehen lassen. Für den Schmarren einen Eßlöffel Butter zerlassen, aber nicht bräunen. Milch und Schlagsahne in eine Schüssel geben. Weizenmehl darübersieben, Salz zugeben. Mit einem Schneebesen durchschlagen, bis ein glatter Teig entstanden ist. Eier und flüssige Butter untermischen. Restliche Butter in einer Pfanne zerlassen. Teig hineingießen, Korinthen und Nüsse darüberstreuen. Schmarren bei mittlerer Hitze an der Unterseite etwa fünf Minuten backen. Mit zwei Gabeln in Stücke teilen und bei großer Hitze unter ständigem Wenden rösten, bis der Schmarren glänzt. Auf Tellern anrichten, mit Puderzucker und nach Wunsch auch mit Zuckerrohrgranulat bestreuen.

Pro Portion 4 g pflanzliches Eiweiß, 4 g tierisches Eiweiß, 21 g Fett, 22 g Kohlenhydrate; 340 Kalorien/1425 Joule. (Foto im Bildteil)

3. Menü

Raffiniert und nicht ganz billig

1.
Salat mit Staudensellerie und Ananas

2.
Risotto mit Wildreis und Zucchini

3.
Lasagne mit Gemüse und Käsesoße

4.
Biskuitomeletts mit Früchten

Für 4 Personen

Getreide, frisches Gemüse und Obst, zum Teil roh angerichtet, stehen bei diesem Menü im Mittelpunkt. Die Zubereitung aller Gerichte gelingt leicht; Lasagne und Dessert lassen sich in wesentlichen Arbeitsschritten vorbereiten. Sie können sich für das Menü also ruhig auch dann entscheiden, wenn Sie nicht soviel Routine beim Kochen haben und Ihre Gäste dennoch mit vier so raffinierten Gängen überraschen wollen: Nehmen Sie sich dann einfach etwas mehr Zeit, als in den Tips auf der folgenden Seite angegeben.

Für mehr als vier Personen schieben Sie zwischen Risotto und Lasagne »Melonensorbet« (Rezept S. 68) ein und/oder servieren nach dem Dessert Käse mit Vollkornbrot.

Tips für ein Einkauf

Im Supermarkt gibt es: Langkornreis (Parboiled), Crème fraîche, Parmesankäse (ersatzweise alten Goudakäse), alle Gewürze, Honig;
im Grünen Laden oder Reformhaus: (kaltgepreßtes) Öl in verschiedenen Sorten, Sonnenblumenkerne, Wildreis, Instant-Gemüsebrühe, Weizenvollkornmehl, Eier, getrockneten Thymian, Zuckerrohrgranulat, Naturvanille;
beim Gemüsehändler: frische Ananas, Staudensellerie, Zitrone, frische Kräuter (ersatzweise für Kerbel: Petersilie), Zucchino, Porree, Tomaten, frisches Obst für das Dessert.

Vorbereitung

- Am Vorabend oder dreieinhalb Stunden vor dem Essen: Lasagneplatten zubereiten;
- zweieinhalb Stunden vor dem Essen: eventuell Omeletts backen (siehe Tip S. 31) (Gesamtdauer etwa 30 Minuten);
- zwei Stunden vor dem Essen: Käsesoße (ohne Kräuter) zubereiten; Nudelplatten vorgaren (weiche Platten sind fertig, wenn sie an die Oberfläche steigen; am Vorabend zubereitete Platten brauchen etwa fünf Minuten) und auf einem leicht geölten Brett ausbreiten; Obstsahne zubereiten und zugedeckt in den Kühlschrank stellen (Gesamtdauer etwa 60 Minuten);
- etwa 60 Minuten vor dem Essen: Lasagne und Salat zubereiten (Gesamtdauer etwa 45 Minuten);
- etwa 15 Minuten vor dem Essen: Risotto aufsetzen;
- unmittelbar vor dem Essen: Lasagne in den Ofen schieben, Ofen einschalten;
- nach dem Salat: Risotto fertigstellen;
- nach der Lasagne: Biskuitomeletts füllen.

Garen von Getreide

Außer Reis und Hirse müssen alle Getreidesorten vorgaren und quellen, damit sie leicht verdaulich sind. Die Körner mit der doppelten Menge Wasser oder Gemüsebrühe aufkochen, zugedeckt bei kleiner Hitze garen und anschließend auf der abgeschalteten Kochstelle zugedeckt quellen lassen. Das vorgegarte Getreide nun entweder dem Rezept entsprechend weiter verarbeiten oder erkalten lassen und fest verschlossen in den Kühlschrank stellen. Es hält sich etwa eine Woche.

Gar- und Quellzeiten

Weizen, Dinkel, Grünkern, Hafer und Gerste: 60 Minuten Garzeit, 60 Minuten Quellzeit;
Roggen: 90 Minuten Garzeit, 60 Minuten Quellzeit;
Hirse: 30 bis 40 Minuten Garzeit, keine Quellzeit;
Naturreis: je nach Sorte 30 bis 60 Minuten Garzeit, keine Quellzeit;
Parboiled Reis (siehe Tip S. 172): 20 bis 30 Minuten Garzeit, keine Quellzeit.

Wildreis und Buchweizen gehören botanisch nicht zum Getreide, werden jedoch ebenso zubereitet. Sie brauchen etwa 20 Minuten zum Garen, quellen müssen sie nicht. Die Quellzeit für alle Getreidesorten entfällt, wenn Sie die Körner etwa acht Stunden vorweichen lassen.

Salat mit Staudensellerie und Ananas

250 g frische Ananas, 150 g Staudensellerie, 2 Eßl. Zitronensaft, 1 Eßl. kaltgepreßtes Öl (Sonnenblumen- oder Maiskeimöl), 20 g Sonnenblumenkerne, 1 Eßl. gehackte, frische Kräuter (z. B. Petersilie, Dill oder Kerbel), frisch gemahlener weißer Pfeffer.

Ananas nur schälen und mit dem härteren »Kern« in der Mitte würfeln (siehe Tip Seite 151). Sellerie putzen, waschen und in kleine Stücke schneiden. Sellerieblättchen abzupfen und nicht zerkleinern. Diese Zutaten in einer Schüssel mit Zitronensaft, Öl, Sonnenblumenkernen und Kräutern mischen. Salat mit Pfeffer abschmecken.

Mit *Fleisch* ergänzen: Ein doppeltes Hühnerbrüstchen (etwa 250 Gramm) häuten, entbeinen und in einem Teelöffel Öl pro Seite etwa drei Minuten braten. Das Fleisch schräg in Scheiben schneiden. Den Salat auf Tellern verteilen. Die Fleischscheiben daneben anrichten.

Pro Portion 1 g pflanzliches Eiweiß, – tierisches Eiweiß, 7 g Fett, 7 g Kohlenhydrate; 90 Kalorien/377 Joule.

Risotto mit Wildreis und Zucchini

1 kleine Zwiebel, 1 Knoblauchzehe, 1 Eßl. Öl (Oliven- oder Maiskeimöl), 150 g Langkornreis (Parboiled), 50 g Wildreis, 1/2 l Gemüsebrühe, 1 Zucchino (200 g), 1 Eßl. frisch gehackter Kerbel (ersatzweise Petersilie), Salz, frisch gemahlener schwarzer Pfeffer.

Zwiebel und Knoblauch abziehen, fein hacken und im heißen Öl bei mittlerer Hitze glasig braten. Reis und Wildreis zugeben und einige Male umrühren. Gemüsebrühe zugießen, einmal aufkochen und Risotto zugedeckt bei kleiner Hitze 25 Minuten

TIP: Wenn Sie Naturreis verwenden, wird er mit der Brühe etwa 30 Minuten vorgegart. Dann erst den Wildreis zugeben und den Risotto fertig ausquellen lassen.

garen. Zucchino waschen, putzen und auf der Rohkostreibe raffeln. Mit dem Kerbel unter den Risotto mischen. Risotto mit Salz und Pfeffer abschmecken.

Pro Portion 5 g pflanzliches Eiweiß, – tierisches Eiweiß, 7 g Fett, 4 g Kohlenhydrate, 242 Kalorien/1013 Joule. (Foto siehe Bildteil)

Lasagne mit Gemüse und Käsesoße

150 g Weizenvollkornmehl, Salz, 1 Ei, 1–3 Eigelb, 2 Eßl. kaltgepreßtes Öl (Sonnenblumen- oder Sojaöl), Mehl für die Arbeitsfläche, 500 g dünne Porreestangen (ersatzweise Lauchzwiebeln), 2 Tomaten (etwa 300 g), 1 Knoblauchzehe, 1 Teel. getrockneter Thymian, frisch gemahlener schwarzer Pfeffer, 150 ccm Milch, 1 Becher Crème fraîche (200 g), 75 g frisch geriebener Parmesankäse, Cayennepfeffer, Muskat, 1 Bund Petersilie.

125 Gramm Mehl mit Salz, Ei und zunächst zwei Eigelb sowie einem Eßlöffel Öl zu einem geschmeidigen Nudelteig verkneten (siehe Kasten S. 152). Bei Bedarf noch das restliche Eigelb darunterkneten. Teig in Pergamentpapier gewickelt 30 Minuten ruhenlassen. Auf Mehl zu einer möglichst dünnen Platte ausrollen. Platte in acht gleich große Stücke schneiden. Lasagneplatten ruhenlassen, bis das Gemüse und die Soße vorbereitet sind. Für das Gemüse Porree putzen und waschen. Die Stangen längs halbieren und quer in etwa fingerlange Stücke schneiden. Tomaten und Knoblauch abziehen und hacken. Restliches Öl erhitzen. Tomaten, Knoblauch und Thymian darin bei kleiner Hitze unter Rühren vier Minuten schmoren. Porree zugeben und weitere zwei Minuten garen. Gemüse mit Salz und Pfeffer abschmecken und in eine ofenfeste Form mit niedrigem Rand geben. Für die Soße das restliche Mehl in einem Topf unter Rühren anrösten. Milch unter weiterem Rühren zugießen, einmal aufkochen und dabei so lange weiterrühren, bis eine glatte Soße entstanden ist. Soße bei kleiner Hitze fünf Minuten kochen. Crème fraîche und Käse untermischen. Die Soße mit Salz, Pfeffer, Cayennepfeffer und Muskat abschmecken.

Petersilie waschen, trockentupfen, hacken und unter die Soße mischen. Gemüse mit etwa vier Eßlöffel Soße überziehen. Lasagneblätter in reichlich sprudelnd kochendem Salzwasser garen, bis sie an die Oberfläche steigen. Herausnehmen, gut abtropfen lassen, auf das Gemüse legen und mit der restlichen Soße bestreichen. Form in den kalten Backofen schieben. Auf 220 Grad / Gas Stufe 4 schalten. Lasagne etwa 45 Minuten backen, bis die Oberfläche gebräunt ist.

Pro Portion 3 g pflanzliches Eiweiß, 11 g tierisches Eiweiß, 31 g Fett, 42 g Kohlenhydrate; 515 Kalorien/2057 Joule.

Biskuitomeletts mit Früchten

3 Eier (Gewichtsklasse 4), 50 g Zuckerrohrgranulat, 1/2 Teel. gemahlene Naturvanille, 90 g Weizenvollkornmehl, Fett und Mehl für das Blech, 1 Becher Schlagsahne (250 g), 500 g Obst der Saison (z. B. Beeren, Pfirsiche, Orangen oder Kiwis; geputzt gewogen), 2 Eßl. Orangenlikör (ersatzweise Orangensaft), 1 Eßl. Honig.

Für den Teig Eiweiß mit den Quirlen des Handrührgerätes steif schlagen. Zuckerrohrgranulat und Vanille gemischt unter ständigem Weiterschlagen einrieseln lassen. Eigelb unterziehen (Handrührgerät auf niedrigste Stufe stellen). Mehl auf die Eimasse sieben und mit einem Schneebesen unterheben. Teig in

TIP: Die Omeletts können Sie auch bereits erkaltet füllen. Wenn Sie nicht soviel Routine beim Kochen haben oder nach dem Hauptgang nicht mehr in der Küche arbeiten wollen, backen Sie sie, bevor Sie mit der Zubereitung der anderen Gänge beginnen. Zum Erkalten legen Sie die Omeletts zusammengeklappt auf ein leicht angefeuchtetes Küchentuch. Darüber kommt ein zweites feuchtes Tuch. So lassen sich die Omeletts wieder auffalten, ohne zu brechen. Sobald sie dann kalt sind, können sie gefüllt werden. Nach dem Backen der Omeletts sollte die Ofentür geschlossen bleiben, damit nicht zuviel Hitze entweicht. Die Backzeit der Lasagne verringert sich so um etwa fünf Minuten.

vier gleich großen Kreisen auf ein gefettetes, mit Mehl bestäubtes Backblech streichen. Blech in den noch heißen Backofen schieben. Omeletts bei 220 Grad / Gas Stufe 4 etwa 10 Minuten backen, bis sie hellgelb sind und sich beim Berühren keine Teigreste mehr ablösen. Omeletts vom Blech lösen, auf Teller legen und sofort einmal zuklappen. Sahne steif schlagen. Vorbereitetes, zerkleinertes Obst, Orangenlikör und Honig darunterziehen. Omeletts wieder vorsichtig aufklappen. Obstsahne jeweils auf die eine Hälfte der Biskuitomeletts geben, die Omeletts zusammenfalten und servieren.

Pro Portion 3 g pflanzliches Eiweiß, 7 g tierisches Eiweiß, 36 g Fett, 56 g Kohlenhydrate; 515 Kalorien/2166 Joule.

4. Menü

Gut von mehreren zu kochen

1.
Bunte Kartoffelsuppe

2.
Gemüsemoussaka
Gurkensalat mit Dill

3.
Pfirsiche mit Likörcreme

Für 8 Personen

Ein Sommermenü für alle, die gern Gemüse essen. Suppe und Dessert sind ganz leicht und fein im Geschmack; die eher deftige Moussaka sorgt als Hauptgericht fürs Sattwerden. Wenn Sie alle Gerichte allein zubereiten, brauchen Sie Zeit und Ruhe. Genau richtig ist das Menü deshalb für Freunde, die gemeinsam kochen wollen: die einen kümmern sich um Suppe, Salat und Dessert, die anderen um die arbeitsaufwendige Moussaka, deren Zubereitung man leicht in einzelne Arbeitsschritte aufteilen kann. Wichtig für das Dessert: Kaufen Sie möglichst vollreife Pfirsiche, die sich abziehen lassen, ohne daß man sie vorher mit kochendem Wasser übergießt. Damit sparen Sie nicht nur Zeit, sondern erhalten auch Geschmack und Nährwert der frischen Früchte.

Tips für den Einkauf

Im Supermarkt gibt es: Crème fraîche, alten Goudakäse (ersatzweise mittelalten), eventuell milden Weißwein- oder Himbeeressig, Joghurt, Cassis, trockenen Weißwein, Gewürze;
im Grünen Laden oder Reformhaus: Instant-Gemüsebrühe, (kaltgepreßtes) Öl in verschiedenen Sorten, Weizenvollkornmehl, Eier, Zuckerrohrgranulat;
beim Gemüsehändler: Kartoffeln, Schalotte, Staudensellerie, Tomaten, alle Kräuter, Paprikaschoten, Auberginen, Lauchzwiebeln, Salatgurken, Pfirsiche, Zitrone.

Vorbereitung

- Zweieinhalb Stunden vor dem Essen: Paprikaschoten vorbereiten, Auberginen braten; Soße für Moussaka zubereiten; Moussaka mit der lauwarm abgekühlten Soße in die Form schichten (Gesamtdauer etwa zwei Stunden);
- etwa 30 Minuten vor dem Essen: Sahne für das Dessert schlagen und zugedeckt kühlen; Moussaka in den Ofen schieben, Ofen einschalten; Kartoffeln und Gurken schälen; alle Zutaten für die Likörcreme bereitstellen; Suppe aufsetzen; restliches Gemüse für die Suppe vorbereiten (Gesamtdauer etwa 25 Minuten);
- unmittelbar vor dem Essen: Suppe fertigstellen und anrichten;
- nach der Suppe: Wasserbad für das Dessert aufsetzen; parallel dazu Salat zubereiten (etwa fünf Minuten), Hauptgericht servieren;
- nach dem Hauptgericht: Dessert zubereiten (Gesamtdauer etwa 20 Minuten).

Bunte Kartoffelsuppe

350 g Kartoffeln (mehlige Sorte), 1 Schalotte (ersatzweise 1 kleine Zwiebel), 1 Eßl. Butter, 600 ccm Gemüsebrühe, 1 Stange Staudensellerie, 2 Tomaten (etwa 250 g), 1 Becher Crème fraîche (200 g), Salz, frisch gemahlener schwarzer Pfeffer, 1 Bund Schnittlauch.

Kartoffeln schälen, waschen und auf der Rohkostreibe raspeln. Schalotte abziehen, sehr fein hacken und in der zerlassenen Butter bei kleiner Hitze glasig braten. Kartoffeln unter Rühren kurz mitbraten. Brühe zugießen und einmal aufkochen. Kartoffeln zugedeckt bei kleiner Hitze zehn Minuten garen. Selleriestange putzen, waschen und in fingerbreite Stücke schneiden. Blättchen abzupfen und beiseite legen. Tomaten abziehen und würfeln. Sellerie und Tomaten in die Suppe geben und weitere fünf Minuten garen. Crème fraîche untermischen und die Suppe bis knapp unter den Siedepunkt erhitzen. Die Suppe mit Salz und Pfeffer abschmecken. Sellerieblättchen und gewaschenen Schnittlauch zerkleinern und darüberstreuen.

Pro Portion 2 g pflanzliches Eiweiß, 5 g tierisches Eiweiß, 6 g Fett, 12 g Kohlenhydrate; 140 Kalorien/591 Joule.

Gemüsemoussaka

750 g rote und grüne Paprikaschoten, 1 kg Auberginen, 1/8 l Olivenöl, 500 g Tomaten, 1 Bund Lauchzwiebeln, 3 Knoblauchzehen, 1 Bund Petersilie, 5 Zweige frischer Thymian, einige Rosmarinblättchen, 40 g Weizenvollkornmehl, 1/8 l Gemüsebrühe (Instant), 3/8 l Milch, 1/2 Becher Schlagsahne (125 g), 175 g frisch geriebener alter Goudakäse, Salz, Cayennepfeffer, Muskat, Butter für die Form und zum Belegen.

Paprikaschoten auf den Rost des Backofens legen, auf 200 Grad / Gas Stufe 3 schalten und etwa eine Stunde backen, bis die Haut Blasen wirft. Schoten in ein nasses Küchentuch wickeln und fünf Minuten ruhenlassen. Haut der Schoten abziehen, Schoten vierteln und putzen. Während die Schoten backen, Auberginen waschen, putzen und längs in etwa fingerdicke Scheiben schneiden. Scheiben im heißen Öl portionsweise braun anbraten und jeweils auf Küchenpapier abtropfen lassen. Tomaten abziehen und würfeln, Kerne dabei entfernen. Lauchzwiebeln putzen, waschen und mit etwa zwei Drittel des Zwiebelgrüns in Ringe schneiden. Knoblauchzehen abziehen und hacken. Kräuter waschen, trockentupfen und fein zerkleinern. Mehl unter Rühren anrösten, unter weiterem Rühren zuerst Gemüsebrühe, dann Milch langsam hinzugießen. Einmal aufkochen und weiterrühren, bis eine glatte Soße entstanden ist. Soße zugedeckt bei kleinster Hitze fünf Minuten kochen und von der Kochstelle ziehen. Sahne und Käse untermischen, mit Salz, Cayennepfeffer und Muskat abschmecken. Eine ofenfeste Form mit Butter ausstreichen. Schichtweise Paprikaschoten, Auberginen, Tomaten und Soße einfüllen. Auf jede Schicht Zwiebelringe, Knoblauch und Kräuter streuen. Rest der Soße auf der Moussaka verteilen, mit Butterflöckchen belegen. Moussaka in den noch heißen Backofen stellen und bei 200 Grad / Gas Stufe 3 etwa 60 Minuten backen.

Pro Portion 4 g pflanzliches Eiweiß, 7 g tierisches Eiweiß, 33 g Fett, 20 g Kohlenhydrate; 430 Kalorien/1791 Joule.

Gurkensalat mit Dill

2 Salatgurken (etwa 900 g), 1 Knoblauchzehe, 2 Bund Dill, Salz, 2 Eßl. milder Weißwein- oder Himbeeressig, 1/2 Becher Schlagsahne (125 g), 1 Becher Joghurt (3,5 %, 150 g), 1 Teel. kaltgepreßtes Öl (Sonnenblumen- oder Maiskeimöl), frisch gemahlener schwarzer Pfeffer.

Gurken schälen und längs halbieren. Kerne mit einem Löffel herauskratzen. Gurkenhälften in dünne Scheiben hobeln. Knoblauch abziehen und hacken. Dill waschen und trockenschwenken. Die zarten Blättchen abzupfen und ganz lassen, die Stiele sehr fein hacken. Diese Zutaten in einer Schüssel mit Salz, Essig, Sahne, Joghurt und Öl mischen. Salat mit reichlich Pfeffer abschmecken.

Pro Portion 1 g pflanzliches Eiweiß, 1 g tierisches Eiweiß, 7 g Fett, 4 g Kohlenhydrate; 90 Kalorien/386 Joule.

Pfirsiche mit Likörcreme

2 Eßl. Schlagsahne, 4 reife Pfirsiche (etwa 800 g), 3 Eigelb, 50 g Zuckerrohrgranulat, 1 Eßl. Zitronensaft, 2 Eßl. Cassis (schwarzer Johannisbeerlikör), 75 ccm trockener Weißwein.

Sahne steif schlagen und zugedeckt kühlen. Pfirsiche nach Wunsch abziehen, die Früchte halbieren, entsteinen, in Schnitze teilen und auf acht Tellern anrichten. Eigelb mit Zuckerrohrgranulat, Zitronensaft, Cassis und Wein in einen Topf geben. Topf in ein warmes Wasserbad stellen (siehe Rezept »Holländische Soße«, Seite 24). Eier zu einer dicken, schaumigen Creme aufschlagen. Sahne unterziehen. Creme über den Pfirsichen verteilen und das Dessert sofort servieren.

Pro Portion – pflanzliches Eiweiß, 1g tierisches Eiweiß, 3 g Fett, 16 g Kohlenhydrate; 125 Kalorien/512 Joule.

TIP: Für Kinder können Sie den Cassis durch Himbeersirup und den Wein durch ungesüßten Traubensaft ersetzen.

5. Menü

Raffiniert und trotzdem preiswert

1.
Maissuppe mit schwarzen Linsen

2.
Gemüsefrikadellen
Kartoffelsalat

3.
Nußpudding mit Orangensoße

Für 6 Personen

Alle Gerichte dieses Menüs wirken bekannt und sind doch neu: Die Suppe mit Linsen ist kein Magenfüller, sondern sahnig-leichter Auftakt; Frikadellen ohne Fleisch, dafür mit reichlich Gemüse; Kartoffelsalat, dem Rohkost und frische Kräuter eine besondere Würze geben. Und als Abschluß eine richtige Mehlspeise, die süß *und* gesund ist: durch Vollkornmehl, viele Nüsse und Trockenobst. Kochen Sie dieses Menü für Leute mit gutem Appetit, die es gern üppig mögen. Oder Sie bitten ein bis zwei Personen mehr zum Essen und können so ohne größeren Zeit- und Arbeitsaufwand eine ganze Gästerunde bewirten. Alle Gerichte gelingen leicht mit normaler Kochroutine; wenn Sie nicht geübt sind, sollten Sie mehr Zeit für die Vorbereitung einplanen, den Pudding vorab fertigstellen und kalt – eventuell mit Kaffee oder Tee – servieren.

Tips für den Einkauf

Im Supermarkt gibt es: braune Linsen, Crème fraîche, Zuckermais, Käse, Vollkornbrot, Senf, Knäckebrot, Honig, fast alle Gewürze;

im Grünen Laden oder Reformhaus: Instant-Gemüsebrühe, schwarze Linsen (Puy-Linsen), Koriander, Eier, (kaltgepreßtes) Öl in verschiedenen Sorten, ungeschwefelte, getrocknete Aprikosen, Zuckerrohrgranulat, Naturvanille, Weizenvollkornmehl, Haselnußkerne;

beim Gemüsehändler: alle Kräuter, Kohlrabi, Möhren, Porree, Kartoffeln, Fenchel, Radicchio, Endiviensalat, unbehandelte Orangen und Zitrone.

Vorbereitung

- Am Vorabend: Aprikosen einweichen;
- dreieinviertel Stunden vor dem Essen: Kartoffeln kochen, Orangensirup für die Soße zubereiten; Kartoffelsalat (ohne Blattsalate) zubereiten (Gesamtdauer etwa 60 Minuten);
- etwa zweieinviertel Stunden vor dem Essen: Suppe (ohne Kräuter) zubereiten und wieder erkalten lassen; Pudding zubereiten und garen; Frikadellen zubereiten, formen und zugedeckt ruhenlassen (Gesamtdauer etwa 75 Minuten),
- etwa 60 Minuten vor dem Essen: Salat fertigstellen; Frikadellen braten und im Backofen warm halten (Gesamtdauer etwa 45 Minuten);
- etwa 15 Minuten vor dem Essen: Pudding aus dem Wasserbad nehmen; Sahne für die Soße schlagen, Orangenschale schneiden; Pudding aus der Form lösen, mit einem Tuch bedeckt stehenlassen; Suppe aufkochen und fertigstellen;
- nach dem Hauptgericht: Orangensoße fertigstellen.

Maissuppe mit schwarzen Linsen

1/2 l Gemüsebrühe, 50 g schwarze Linsen (ersatzweise braune Linsen), 1 Becher Schlagsahne (250 g), 1 Becher Crème fraîche (200 g), 1 Dose Zuckermais (Abtropfgewicht etwa 200 g), Salz, Cayennepfeffer, 1 Prise gemahlener Koriander, 2 Zweige Fenchelgrün (von Rezept »Kartoffelsalat«, Seite 41), 1/2 Bund Schnittlauch.

Gemüsebrühe mit Linsen einmal aufkochen und zugedeckt bei kleiner Hitze 30 bis 45 Minuten garen. Sahne, Crème fraîche und abgetropften Mais untermischen und erneut aufkochen. Suppe mit Salz, Cayennepfeffer und Koriander abschmecken und auf vorgewärmten Tellern verteilen. Fenchelgrün und Schnittlauch waschen, trockentupfen, fein zerkleinern und über die Suppe streuen.

Pro Portion 20 g pflanzliches Eiweiß, 2 g tierisches Eiweiß, 26 g Fett, 14 g Kohlenhydrate; 320 Kalorien/1328 Joule.

Gemüsefrikadellen

1 Kohlrabi (etwa 300 g), 250 g Möhren, 1 große Stange Porree (etwa 200 g), 2 Knoblauchzehen, 1 Bund Petersilie, 100 g Magerquark, 2 Eier, 1 Eßl. frisch geriebener Käse, 50 g altbackenes, frisch geriebenes Vollkornbrot, Salz, frisch gemahlener weißer Pfeffer, Öl zum Braten.

Kohlrabi und Möhren schälen, waschen und auf der Rohkostreibe fein raspeln. Zarte Kohlrabiblätter hacken. Porree putzen, waschen und mit etwa zwei Drittel der grünen Blätter in dünne Scheiben schneiden. Knoblauch abziehen und hacken. Petersilie waschen, trockentupfen und fein zerkleinern. Alle diese Zutaten mit Quark, Eiern, Käse und Brot vermischen und mit Salz und Pfeffer würzen. Den Teig mit den Händen oder einer Gabel so lange durchkneten, bis er wie bei Fleischfrikadellen bindet. Mit feuchten Händen zwölf Frikadellen formen. Im heißen Öl bei mittlerer Hitze pro Seite etwa fünf Minuten braten.

Pro Portion 4 g pflanzliches Eiweiß, 5 g tierisches Eiweiß, 13 g Fett, 14 g Kohlenhydrate; 140 Kalorien/594 Joule.

Kartoffelsalat

1,2 kg Kartoffeln (festkochende Sorte), 2 Zwiebeln, 300 ccm Wasser, 1 Eßl. Instant-Gemüsebrühe, 3 Teel. scharfer Senf, 3 Eßl. Apfelessig, 6 Eßl. kaltgepreßtes Öl (Distel- oder Sonnenblumenöl), Salz, frisch gemahlener schwarzer Pfeffer, 1 Fenchelknolle (etwa 150 g), 200 g Radicchio, 200 g Endiviensalat, 1 1/2 Bund Schnittlauch, 1/2 Bund Dill, 1 Kästchen Gartenkresse.

Kartoffeln waschen und mit der Schale weich kochen; abschrecken, pellen und heiß in Scheiben schneiden. Zwiebeln abziehen, fein hacken und zu den Kartoffeln geben. Wasser mit Brühe aufkochen, mit Senf, Essig und Öl verrühren. Salat mit Salz und Pfeffer abschmecken. Fenchel putzen, halbieren, waschen, und in dünne Scheiben schneiden. Radicchio und Endiviensalat putzen, waschen, trockenschwenken und zerpflücken. Gewaschene, trockengetupfte Kräuter fein zerkleinern. Alle diese Zutaten mit dem Kartoffelsalat mischen. Mit Kresse garnieren.

Pro Portion 7 g pflanzliches Eiweiß, – tierisches Eiweiß, 12 g Fett, 43 g Kohlenhydrate; 320 Kalorien/1331 Joule.

Nußpudding mit Orangensoße

100 g getrocknete Aprikosen, 1 Eßl. Kirschwasser (ersatzweise Orangensaft), 1/4 l frisch gepreßter Orangensaft, 2 Eßl. Zitronensaft, 1 Eßl. Honig, 100 g Butter, 50 g Zuckerrohrgranulat, 1 Prise Salz, 1 Teel. gemahlene Naturvanille, 1/2 Zitrone, 4 Eier, 100 g Weizenvollkornmehl, 150 g fein geriebene Haselnußkerne, Butter und fein geriebenes Knäckebrot für die Form, 1 kleine unbehandelte Orange, 1/2 Becher Schlagsahne (125 g).

Aprikosen heiß waschen, in einem Achtelliter Wasser und Kirschwasser zugedeckt über Nacht ziehen lassen. Herausnehmen und kleinschneiden. Einweichflüssigkeit für den Teig beiseite stellen. Für die Soße Orangen-, Zitronensaft und Honig bei großer Hitze unter häufigem Rühren zu etwa einem Drittel einkochen und erkalten lassen. Weiche Butter, Zuckerrohrgranulat, Salz, Vanille und abgeriebene Zitronenschale mit den Quirlen des Handrührgerätes verrühren, bis das Granulat nicht mehr knirscht. Nacheinander Eigelb, Aprikosen und die Einweichflüssigkeit unterrühren. Eiweiß sehr steif schlagen und auf die Masse geben. Mehl mit Nüssen gemischt darüberstreuen und alles mit einem Schneebesen vorsichtig vermischen. Teig in einer gefetteten, mit Knäckebrot ausgestreuten, verschließbaren Puddingform glattstreichen. Geschlossene Form in einen Topf mit heißem Wasser stellen, Topf ebenfalls zudecken. Pudding etwa 70 Minuten garen. Das Wasser darf währenddessen nur leise sieden, nicht sprudelnd kochen. Für die Garprobe ein Holzstäbchen in den Pudding stechen. Wenn nichts haften bleibt, ist der Pudding gar. Form herausnehmen und den Pudding in der verschlossenen Form noch fünf Minuten ruhenlassen.

Pudding am oberen Rand mit einer Messerspitze ablösen und auf eine Platte stürzen. Wenn er sich nicht gleich aus der Form löst, ein Küchentuch in kaltes Wasser tauchen und kurz um die Form wickeln. Orangenschale ganz dünn abschneiden und in feine Streifen schneiden. Sahne halbsteif schlagen. Beide Zutaten mit dem erkalteten Orangensirup mischen.

Pro Portion 7 g pflanzliches Eiweiß, 5 g tierisches Eiweiß, 35 g Fett, 34 g Kohlenhydrate; 530 Kalorien/2220 Joule.

6. Menü

Schmeckt am besten im Herbst

1.
Suppe mit Rote Bete

2.
Gemüsekuchen
Sprossensalat mit Tomaten

3.
Zwetschgen und Birnen mit Honigsoße

Für 4 Personen

Ein unkompliziertes Menü mit richtiger Hausmannskost, einfach zu kochen und gut geeignet für Berufstätige, die abends Freunde bewirten wollen: Hefeteig und Salatdressing kann man am Vortag machen, die Zubereitung von Suppe und Dessert dauert nur jeweils 15 Minuten. Wichtig beim Dessert: Nehmen Sie wirklich reifes, aromatisches Obst mit viel natürlichem Fruchtzucker. Dann brauchen Sie für die Soße nicht mehr Honig als angegeben.

Für mehr als vier Personen können Sie vor der Suppe »Eingelegte Pilze« (Rezept Seite 105), eventuell mit »Zucchinisalat«, oder nach dem Dessert eine Käseplatte servieren.

Tips für den Einkauf

Im Supermarkt gibt es: Trockenhefe, Tiefkühl-Rosenkohl und -Gemüsemischung, Tomaten in der Dose, Parmesankäse, körnigen Frischkäse, Linsen zum Keimen, Hagebuttentee, eventuell Himbeeressig, Balsamessig, Kräutersenf, Honig, trockenen Weißwein, fast alle Gewürze;
im Grünen Laden oder Reformhaus: Instant-Gemüsebrühe, Koriander, Roggen- und Weizenvollkornmehl, (kaltgepreßtes) Öl in verschiedenen Sorten, getrockneten Oregano, eventuell frischen Parmesankäse, Kichererbsen, Rettich- und Alfalfasamen zum Keimen, eventuell Himbeeressig, Zuckerrohrgranulat, Naturvanille, Walnußkerne;
beim Gemüsehändler: rote Bete, frischen Meerrettich, alle Kräuter, Feldsalat, Staudensellerie, Tomaten, Zwetschgen, Birne.

Vorbereitung

- Fünf Tage vorher: Kichererbsen und Linsen keimen;
- drei Tage vorher: Rettich- und Alfalfasamen keimen;
- am Vorabend oder morgens: Hefeteig zubereiten (siehe Tip Seite 46);
- etwa zwei Stunden vor dem Essen: eventuell Hefeteig zubereiten und gehen lassen; Gemüse auftauen lassen; Tomatensoße zubereiten; Salatsoße zubereiten und mit Linsen- und Kichererbsensprossen mischen, restliche Salatzutaten vorbereiten und zugedeckt beiseite stellen (Gesamtdauer etwa 90 Minuten);
- etwa 30 Minuten vor dem Essen: Gemüsekuchen zubereiten und backen (Backzeit etwa 45 Minuten); Suppe und Schnittlauchsahne zubereiten);
- unmittelbar vor dem Essen: Salat fertigstellen und auf Tellern anrichten; Suppe anrichten (Gesamtdauer etwa fünf Minuten),
- nach dem Hauptgericht: Dessert zubereiten (Gesamtdauer etwa 15 Minuten).

Suppe mit rote Bete

500 g rote Bete, 3/4 l Gemüsebrühe, 1/2 Teel. Kümmel, 1 kräftige Prise gemahlener Koriander, frisch gemahlener schwarzer Pfeffer, 1 Stück frischer Meerrettich (etwa 5 cm lang), 1 Bund Schnittlauch, 1 Becher saure Sahne (200 g).

Rote Bete waschen, schälen und raspeln. Zarte grüne Blättchen abschneiden und beiseite legen. Rote Bete in der Gemüsebrühe aufkochen, mit Kümmel, Koriander und Pfeffer würzen und zugedeckt bei kleiner Hitze fünf Minuten garen. Von der Kochstelle nehmen. Meerrettich schälen, waschen und in die Suppe reiben. Schnittlauch waschen, trockentupfen und in feine Röllchen schneiden. Mit der sauren Sahne mischen. Suppe auf vorgewärmten Tellern verteilen, mit den fein gehackten Rote-Bete-Blättchen bestreuen. Je einen Sahneklecks auf die Suppenportionen geben. Restliche Schnittlauchsahne dazu servieren.

Pro Portion 3 g pflanzliches Eiweiß, 15 g tierisches Eiweiß, 5 g Fett, 12 g Kohlenhydrate; 120 Kalorien/502 Joule.

Gemüsekuchen

Je 200 g Roggen- und Weizenvollkornmehl, 1 Päckchen Trockenhefe, Salz, 3 Eßl. Öl (Maiskeim- oder Distelöl), 1 Paket Tiefkühl-Rosenkohl (300 g), 1 Paket Tiefkühl-Gemüsemischung mit Erbsen, Paprikaschoten und Mais (300 g), 2 Knoblauchzehen, 1 Eßl. getrockneter Oregano, 1 große Dose geschälte Tomaten, 2 Eßl. frisch geriebener Parmesankäse, 1 Prise Zucker, frisch gemahlener schwarzer Pfeffer, 1 große Zwiebel, Fett für das Blech, 1 Becher körniger Frischkäse (200 g).

Beide Mehlsorten mit Trockenhefe, etwa 300 Kubikzentimeter lauwarmem Wasser (siehe Kasten Seite 108), Salz und zwei Eßlöffel Öl vermischen. Mit den Knethaken des Handrührgerätes fünf Minuten durchrühren. Zugedeckt bei Zimmertemperatur etwa 90 Minuten gehen lassen, bis der Teig sein Volumen verdoppelt hat. Tiefkühl-Gemüse aus den Packungen nehmen und auftauen lassen. Große Rosenkohlröschen halbieren. Für die Soße Knoblauch abziehen und hacken. Restliches Öl erhitzen. Knoblauch und Oregano darin bei mittlerer Hitze anbraten. Tomaten mit Flüssigkeit zugeben und bei großer Hitze so lange schmoren, bis die Flüssigkeit fast verdampft ist. Von der Kochstelle nehmen und Käse untermischen. Soße mit Salz, Zucker und Pfeffer würzen. Zwiebel abziehen und in feine Ringe schneiden. Teig auf einem gefetteten Backblech ausrollen, mit Tomatensoße bestreichen, mit Zwiebelringen, Gemüse und Frischkäse belegen. Blech in den kalten Backofen schieben, auf 200 Grad / Gas Stufe 3 schalten und den Kuchen etwa 50 Minuten backen.

Pro Portion 17 g pflanzliches Eiweiß, 11 g tierisches Eiweiß, 23 g Fett, 83 g Kohlenhydrate; 630 Kalorien/2831 Joule. (Foto siehe Bildteil)

TIP: Wenn Sie den Hefeteig am Vorabend oder morgens zubereiten, lassen Sie ihn zugedeckt mindestens acht Stunden im Kühlschrank »kalt« gehen. Nach dem Ausrollen und Belegen lassen Sie den Kuchen noch einmal 15 Minuten bei Zimmertemperatur stehen.

Sprossensalat mit Tomaten

Je 100 g Linsen, Kichererbsen, Rettich- und Alfalfasamen, 1 Aufgußbeutel Hagebuttentee, 1 Eßl. milder Himbeeressig, 1 Teel. Balsamessig (ersatzweise 1/4 Teel. Zucker), 1 Teel. Kräutersenf, Salz, frisch gemahlener schwarzer Pfeffer, 5 Eßl. kaltgepreßtes Öl (Sonnenblumen- oder Distelöl), 50 g Feldsalat, 1 Stange Staudensellerie, 2 Tomaten (etwa 250 g), 1 Bund Dill, 1 Kästchen Gartenkresse.

Linsen, Kichererbsen, Rettich und Alfalfa getrennt drei bis fünf Tage keimen lassen (siehe Kasten Seite 118). Für die Salatsoße Hagebuttentee mit einer halben Tasse kochendem Wasser übergießen und zehn Minuten ziehen lassen. Tee mit den beiden Essigsorten, Senf, Salz, Pfeffer und Öl verrühren. Sprossen kalt abspülen und abtropfen lassen. Feldsalat verlesen, mehrmals waschen und trockenschwenken. Den Sellerie waschen und in dünne Scheiben schneiden, Blättchen abzupfen. Gewaschene Tomaten würfeln. Sellerieblättchen und gewaschenen Dill hacken. Diese Zutaten mit der Salatsoße und der abgeschnittenen Kresse mischen.

Pro Portion 8 g pflanzliches Eiweiß, – tierisches Eiweiß, 16 g Fett, 16 g Kohlenhydrate; 235 Kalorien/990 Joule.

Zwetschen und Birnen mit Honigsoße

1/2 Becher Schlagsahne (125 g), 1 Teel. Zuckerrohrgranulat, 1 Messerspitze gemahlene Naturvanille, 1 Eßl. Honig, 2 Eßl. trockener Weißwein (ersatzweise Traubensaft und Zitronensaft), 200 g Zwetschen, 1 saftige Birne (etwa 250 g), 25 g gehackte Walnußkerne.

Sahne steif schlagen, Zuckerrohrgranulat und Vanille daruntermischen. Honig mit Wein in einem Topf erwärmen. Zwetschen waschen, abtrocknen, entsteinen und in Stücke schneiden. Birne halbieren, vom Kerngehäuse befreien und ebenfalls in Stücke schneiden. Beide Zutaten auf Desserttellern anrichten und mit der warmen Soße beträufeln. Nüsse darüberstreuen. Dessert mit Sahnetupfen garnieren.

Pro Portion 2 g pflanzliches Eiweiß, – tierisches Eiweiß, 16 g Fett, 20 g Kohlenhydrate; 230 Kalorien/971 Joule.

7. Menü

Preiswert und ganz einfach

1.
Frischkäse mit Kräutern

2.
Hirsesuppe mit Zucchini

3.
Kartoffeln mit Tomatensahne

4.
Schnelles Erdbeereis

Für 6 Personen

Diese vier Gänge schmecken allen, die noch nie vollwertig gegessen haben. Und damit Gäste zu bewirten, ist selbst für Ungeübte kein Problem: Die Gerichte gelingen leicht, lassen sich gut vorbereiten oder sind ganz schnell fertig.

Tips für den Einkauf

Im Supermarkt oder Feinkostgeschäft gibt es: alle Käsesorten, Crème fraîche, Vollkornbrot, Joghurt, Tiefkühl-Erdbeeren, Honig, alle Gewürze;
im Grünen Laden oder Reformhaus: Hirse, Instant-Gemüsebrühe, (kaltgepreßtes) Öl in verschiedenen Sorten;
beim Gemüsehändler: Kräuter, unbehandelte Orange, Zitrone, Schalotte, Zucchini, Kartoffeln, Tomaten.

Vorbereitung

- Am Vorabend oder morgens: Frischkäse zubereiten,
- zwei Stunden vor dem Essen: Tomatensahne zubereiten, Kartoffeln vorbereiten (Gesamtdauer etwa 75 Minuten);
- etwa 45 Minuten vor dem Essen: Frischkäse anrichten, Hirse aufsetzen, Kartoffeln backen; Erdbeeren aus dem Gefriergerät nehmen, Zucchini und Kräuter schneiden;
- nach der Vorspeise: Suppe fertigstellen (Gesamtdauer fünf Minuten);
- nach dem Hauptgericht: Dessert zubereiten (Gesamtdauer fünf Minuten).

Frischkäse mit Kräutern

Je 2 Bund Schnittlauch, Petersilie und Dill, 5 Zweige frischer Thymian, 2 Knoblauchzehen, 1/2 unbehandelte Orange (oder Zitrone), 150 g Doppelrahm-Frischkäse, 75 g griechischer Schafkäse, 50 g frisch geriebener Parmesankäse, 50 g Butter, 2 Eßl. Crème fraîche, frisch gemahlener weißer Pfeffer, Cayennepfeffer, Öl zum Ausfetten, Kräuterzweige zum Garnieren, 6 kleine Scheiben Vollkornbrot (etwa 180 g).

Kräuter waschen, trockentupfen und fein zerkleinern (Thymianblättchen nur von den Stielen zupfen). Knoblauch abziehen und hacken. Die Hälfte der Orangenschale abreiben, den Rest dünn abschneiden und in hauchfeine Streifen schneiden. Frisch-, Schaf- und Parmesankäse mit Kräutern, Knoblauch, Orangenschale und -saft, weicher Butter und Crème fraîche verrühren. Mit Pfeffer und Cayennepfeffer abschmecken. Eine Schüssel mit Öl ausstreichen, Käse darin glattstreichen. Zugedeckt acht Stunden kühlen. Zum Servieren Schüssel kurz in heißes Wasser tauchen, Käse stürzen, mit Kräuterzweigen garnieren und mit dem Brot anrichten.

Pro Portion 3 g pflanzliches Eiweiß, 7 g tierisches Eiweiß, 24 g Fett, 16 g Kohlenhydrate; 325 Kalorien/1358 Joule. (Foto siehe Bildteil)

Hirsesuppe mit Zucchini

1 Schalotte (ersatzweise 1 kleine Zwiebel), 1 Eßl. Butter, 100 g Hirse, 1/2 l Gemüsebrühe, 2 kleine Zucchini (etwa 300 g), 1/2 Bund Petersilie, 1 Zweig frischer Estragon, 1/4 l Milch, 1 Becher Schlagsahne (200 g), Salz, Cayennepfeffer.

Schalotte abziehen und fein hacken. In der heißen Butter glasig braten. Hirse zugeben und kurz mitbraten. Gemüsebrühe zugießen, einmal aufkochen und zugedeckt bei kleiner Hitze 30 Minuten garen. Inzwischen Zucchini waschen, von Stiel- und Blütenansätzen befreien und in dünne Stifte schneiden. Kräuter waschen, trockentupfen und fein hacken. Zucchini, Milch und Sahne in der Suppe aufkochen. Von der Kochstelle ziehen.

Kräuter untermischen. Suppe mit Salz und einer kräftigen Prise Cayennepfeffer abschmecken.

Pro Portion 3 g pflanzliches Eiweiß, 2 g tierisches Eiweiß, 17 g Fett, 19 g Kohlenhydrate; 245 Kalorien/1035 Joule.

Kartoffeln mit Tomatensahne

1,5 kg Kartoffeln, 6 Zweige frischer Thymian, 1 große Zitrone, 6 Eßl. Öl (Maiskeim- oder Olivenöl), Salz, frisch gemahlener weißer Pfeffer, 500 g Tomaten, 3 Bund Schnittlauch, 2 Becher Crème fraîche von je 200 g, 1 Becher Magerjoghurt (150 g).

Kartoffeln gründlich bürsten, ungeschält würfeln und in eine ofenfeste Form geben. Thymian waschen, trockentupfen, Blättchen abzupfen und über die Kartoffeln streuen. Zitronensaft und Olivenöl darüberträufeln. Kartoffeln mit Salz und Pfeffer bestreuen und in den kalten Backofen schieben. Auf 200 Grad / Gas Stufe 3 schalten und 50 bis 60 Minuten backen. Tomaten waschen und würfeln, gewaschenen Schnittlauch in Röllchen schneiden. Beide Zutaten mit Crème fraîche und Joghurt vermischen. Soße mit Salz und Pfeffer abschmecken.

Ergänzung mit *Fleisch*: Soße nur mit 200 Gramm Crème fraîche zubereiten. Pro Person ein kleines gebratenes Lammkotelett servieren.

Pro Portion 9 g pflanzliches Eiweiß, 3 g tierisches Eiweiß, 33 g Fett, 52 g Kohlenhydrate; 535 Kalorien/2229 Joule.

Schnelles Erdbeereis

2 Pakete Tiefkühl-Erdbeeren (600 g), 1–2 Eßl. Honig, 1 Becher Schlagsahne (250 g), eventuell 6 große frische Erdbeeren und 6 Minzeblättchen zum Garnieren.

Leicht angetaute Erdbeeren mit Honig und Sahne im Mixer pürieren. Auf hohe Dessertgläser verteilen und mit den gewaschenen, frischen Erdbeeren und den Minzeblättchen garnieren. Das Eis sofort servieren.

Pro Portion – pflanzliches Eiweiß, 1 g tierisches Eiweiß, 15 g Fett, 11 g Kohlenhydrate; 195 Kalorien/814 Joule.

TIP: Ein Sorbet können Sie so zubereiten: Schlagsahne durch einen beliebigen, ungesüßten Fruchtsaft ersetzen. Nach Wunsch noch einen Eßlöffel Johannisbeer- oder Orangenlikör zugeben und die angetauten Beeren (Erdbeeren, Himbeeren oder gemischte Beeren) damit pürieren.

8. Menü

Leichte Sommergerichte

1.
Paksoi-Salat
Gemischte Rohkost
Zucchini mit Melone

2.
Gebackene Kartoffeln mit Wirsing

3.
Sauerkirschtörtchen

Für 6 Personen

Ein leichtes, dabei doch sättigendes Menü mit viel Rohkost. Wer mit der Vollwertkost erst angefangen hat und noch nicht rein vegetarisch essen möchte, serviert Fleisch zum Hauptgericht – der Tip dazu steht auf Seite 57. Die Zubereitung der verschiedenen Gerichte ist ganz einfach; vorab fertigstellen können Sie Dessert und alle Soßen. Wichtig sind wirklich gute Zutaten: frisches Gemüse, aromatische Kräuter, kaltgepreßtes Öl und wohlschmeckende Kartoffeln. Nur die Sauerkirschen dürfen ruhig aus dem Vorrat (tiefgekühlt oder eingemacht) stammen, da sie ja gedünstet werden.

Tips für den Einkauf

Im Supermarkt gibt es: Vollkorntoast, scharfen Senf, Honig, Crème fraîche, Joghurt, Orange, ungesüßten Apfelsaft, ungesüßtes Kakaopulver, fast alle Gewürze;
im Grünen Laden oder Reformhaus: kaltgepreßtes Öl und Essig in verschiedenen Sorten, Koriander, Eier, Zuckerrohrgranulat, Roggenvollkornmehl, Sojamehl, Carob, ungesüßte Sauerkirschen im Glas, Agar-Agar, Naturvanille;
beim Gemüsehändler: Paksoi, unbehandelte Zitronen, Möhren, Kohlrabi, Salatgurke, Lauchzwiebeln, alle Kräuter (ersatzweise für Majoran: Petersilie), Zucchini, Wassermelone, Wirsingkohl, gleichmäßig kleine Kartoffeln, Pfefferschoten, frische Sauerkirschen.

Vorbereitung

- Drei Stunden vor dem Essen: Sauerkirschtörtchen zubereiten (Gesamtdauer etwa 60 Minuten);
- zwei Stunden vor dem Essen: Brot für die Soße zum Hauptgericht einweichen; Soßen für Paksoi-Salat und für gemischte Rohkost zubereiten;
- Soße für das Hauptgericht zubereiten; Brot für Paksoi-Salat rösten; gewaschene Kartoffeln auf dem Blech verteilen, würzen und in den Ofen schieben (Gesamtdauer etwa 45 Minuten);
- etwa eineinviertel Stunden vor dem Essen: Wirsing für Hauptgericht vorbereiten und anbraten; alle Gemüse für Vorspeisensalate putzen und zerkleinern; dabei nach 30 Minuten Ofen einschalten und Kartoffeln backen (Gesamtdauer etwa 60 Minuten),
- etwa 15 Minuten vor dem Essen: Vorspeisensalate anrichten;
- unmittelbar vor dem Essen: Wirsing zu den Kartoffeln geben;
- gegebenenfalls nach der Vorspeise: Fisch- oder Fleischbeilage zubereiten.

Paksoi-Salat

500 g Paksoi (ersatzweise Mangold oder Löwenzahn), 1 kleine Zitrone, 2 Scheiben Vollkorntoastbrot, 1 Eßl. Butter, 6 Eßl. kaltgepreßtes Öl (Distel-, Erdnuß- oder Sonnenblumenöl), 2 Eßl. Apfelessig, 1 Teel. scharfer Senf, Salz, 1/2 Teel. Honig, frisch gemahlener schwarzer Pfeffer, 1 Prise gemahlener Koriander.

Paksoiblätter in Streifen schneiden. Zitrone mit einem scharfen kleinen Messer so abschälen, daß auch die weiße Haut ganz entfernt wird, dann in dünne Scheiben schneiden und mit dem Paksoi mischen. Gewürfeltes Toastbrot in Butter und zwei Eßlöffel Öl goldbraun rösten. Essig mit Senf, Salz, Honig, Pfeffer und Koriander verrühren. Restliches Öl daruntermischen. Salatsoße über den Paksoi träufeln, Brotwürfel darüberstreuen.

Pro Portion 3 g pflanzliches Eiweiß, – tierisches Eiweiß, 14 g Fett, 12 g Kohlenhydrate; 195 Kalorien/816 Joule. (Foto siehe Bildteil)

Gemischte Rohkost

400 g Möhren, 1 Kohlrabi (etwa 300 g), 1 Salatgurke (etwa 500 g), 2 Bund Lauchzwiebeln, 1 Bund frischer Majoran, 1 Becher Schlagsahne (200 g), 1 Becher Crème fraîche (200 g), 2 Eßl. Joghurt, Salz, schwarzer Pfeffer, 1 Eßl. Orangensaft, 1 Teel. Senf, 2 Eßl. Dillessig (ersatzweise Weinessig), 1 Eßl. kaltgepreßtes Öl (Erdnuß- oder Maiskeimöl).

Möhren und Kohlrabi schälen, grob raspeln und mischen. Die Gurke schälen und würfeln. Lauchzwiebeln putzen, waschen und mit etwa zwei Drittel der grünen Blätter in kleine Stücke schneiden. Majoran waschen und trockentupfen. Blättchen abzupfen, mit Gurke und Zwiebeln mischen. Sahne mit Crème fraîche und Joghurt verrühren, mit Salz und Pfeffer abschmecken und in zwei Portionen teilen. Erste Portion mit Orangensaft und Senf mischen. Über die Möhren-Kohlrabi-Rohkost gießen. Zweite Portion mit Essig verrühren und mit dem Öl über die Gurkenrohkost geben.

Pro Portion 3 g pflanzliches Eiweiß, 2 g tierisches Eiweiß, 3 g Fett, 16 g Kohlenhydrate; 300 Kalorien/1256 Joule. (Foto siehe Bildteil)

Zucchini mit Melone

400 g kleine, schlanke Zucchini, 500 g Wassermelone, 1 kleine Zitrone, 2 Eßl. ungesüßter Apfelsaft, 1 Teel. Honig, Salz, frisch gemahlener weißer Pfeffer, 1 Teel. kaltgepreßtes Öl (Sonnenblumen-, Erdnuß- oder Maiskeimöl).

Zucchini waschen, von Stiel- und Blütenansätzen befreien und mit einem Sparschäler der Länge nach in dünne Scheiben schneiden. Melone entkernen, Fruchtfleisch mit einem Kugelausstecher zu Bällchen ausstechen oder würfeln, Saft dabei auffangen. Melonensaft mit Zitronen- und Apfelsaft, Honig, wenig Salz, einer kräftigen Prise Pfeffer und Öl verrühren. Zucchini und Melone mischen, mit der Salatsoße übergießen und vor dem Servieren etwa 15 Minuten durchziehen lassen.

Pro Portion 2 g pflanzliches Eiweiß, – tierisches Eiweiß, 1 g Fett, 8 g Kohlenhydrate; 60 Kalorien/251 Joule. (Foto siehe Bildteil)

Gebackene Kartoffeln mit Wirsing

1 Scheibe Vollkorntoastbrot, 2 Eßl. Kräuteressig, 1 Wirsingkohl (etwa 1 kg), 1,5 kg kleine Kartoffeln (festkochende Sorte), 1 Eßl. Kümmel, Salz, 1/8 l kaltgepreßtes Öl (Maiskeim-, Distel- oder Sonnenblumenöl), 1 Eßl. Butter, 5 Knoblauchzehen, 1 Bund Petersilie, 2 frische Thymianzweige, 1 frische oder getrocknete rote Pfefferschote, 2 Eigelb, 1 Teel. scharfer Senf, frisch gemahlener weißer Pfeffer, 2 Bund Schnittlauch.

Toastbrot zerkrümeln, mit dem Essig beträufeln und etwa eine Stunde ziehen lassen. Wirsing putzen, waschen und in Streifen schneiden. Gewaschene Kartoffeln nebeneinander auf ein Backblech legen, mit Kümmel und Salz bestreuen und mit zwei Eßlöffel Öl beträufeln. In den kalten Backofen schieben, auf 200 Grad / Gas Stufe 3 schalten und 30 Minuten backen. Inzwischen Wirsing in der heißen Butter mit einem Eßlöffel Öl anbraten. Zu den Kartoffeln auf das Blech geben, mit drei Eßlöffel Wasser beträufeln und weitere 30 Minuten garen. Für die Soße Knoblauch abziehen und ganz fein hacken. Petersilie und Thymian waschen, Blättchen abzupfen und ebenfalls fein zerkleinern. Frische Pfefferschote halbieren, Stiel und Kerne entfernen, Schote in feine Streifen schneiden (getrocknete Schote zwischen den Fingern aufbrechen, Kerne entfernen und Schote hacken). Eingeweichtes Brot im Mixer pürieren oder ganz fein zerdrücken. Mit Eigelb und Senf zu einer glatten Paste verrühren. Restliches Öl zuerst tropfenweise, dann in dünnem Strahl unterrühren. Knoblauch, Kräuter und Pfefferschote untermischen. Soße mit Salz und Pfeffer abschmecken. Schnittlauch waschen, trockentupfen und in Röllchen schneiden. Kartoffeln und Wirsing auf Tellern anrichten und mit Schnittlauch bestreuen. Soße dazu servieren.

Pro Portion 10 g pflanzliches Eiweiß, 1 g tierisches Eiweiß, 25 g Fett, 51 g Kohlenhydrate; 480 Kalorien/2009 Joule.

TIP: Ergänzung mit Fisch oder Fleisch: Nur ein Kilogramm Kartoffeln garen und statt dessen pro Person 200 Gramm Fischfilet oder ein kleines Lammkotelett braten.

Sauerkirschtörtchen

2 Eier (Gewichtsklasse 3), 50 g Zuckerrohrgranulat, 30 g Roggenvollkornmehl, 25 g Sojamehl (vollfett), 10 g Carob (Johannisbrotmehl), 200 g Sauerkirschen, 1 Teel. Agar-Agar, 1 Eßl. Kirschwasser (ersatzweise Orangensaft), 1 Becher Schlagsahne (250 g), 1/2 Teel. gemahlene Naturvanille, 2 Teel. ungesüßtes Kakaopulver.

Aus Alufolie sechs Quadrate von etwa 15 Zentimeter Kantenlänge schneiden. Jedes Quadrat über einem Glas zu einem Förmchen biegen. Für den Teig Eiweiß und zwei Eßlöffel kaltes Wasser mit den Quirlen des Handrührgerätes steif schlagen. 40 Gramm Zuckerrohrgranulat unter ständigem Weiterschlagen einrieseln lassen. Eigelb unterziehen (Handrührgerät auf niedrigste Stufe stellen). Roggen-, Sojamehl und Carob gemischt auf die Eimasse sieben und mit einem Schneebesen unterheben. Teig in die Förmchen füllen, diese auf ein Backblech setzen und das Blech in den kalten Backofen schieben. Ofen auf 180 Grad / Gas Stufe 2 schalten und die Törtchen etwa 25 Minuten backen. Ein Holzstäbchen in eines der Törtchen stechen. Wenn nichts daran haften bleibt, sind die Törtchen gar. Herausnehmen, auskühlen lassen und die Folie vorsichtig abziehen. Während die Törtchen backen, gewaschene Sauerkirschen trockentupfen. Sechs davon beiseite legen, die restlichen von den Stielen zupfen, entsteinen und in 200 Kubikzentimeter Wasser dünsten, bis sich Saft bildet. Sechs Eßlöffel Saft zum Tränken der Törtchen abnehmen. Agar-Agar mit einem Eßlöffel kaltem Wasser glattrühren. Zu den Sauerkirschen geben, einmal aufkochen, drei Minuten kochen und abkühlen lassen. Abgemessenen Saft mit dem Kirschwasser mischen. Sahne mit restlichen Zuckerrohrgranulat und Vanille steif schlagen. Törtchen einmal quer halbieren. Mit der Saftmischung tränken, Kirschen darauf verteilen, jeweils etwas Sahne darüberstreichen. Törtchen wieder zusammensetzen, mit der restlichen Sahne überziehen und mit einer Kirsche (mit Stiel) verzieren. Törtchen unmittelbar vor dem Servieren mit dem Kakao bestäuben.

Pro Portion 3 g pflanzliches Eiweiß, 1 g tierisches Eiweiß, 17 g Fett, 19 g Kohlenhydrate; 275 Kalorien/1151 Joule.

9. Menü

Raffiniert gewürzt

1.
Rohes Gemüse mit Knoblauchdip

2.
Auberginen mit Joghurtsoße
Linsenreis

3.
Quarkklößchen mit Aprikosensoße

Für 4 Personen

Gemüse, auf neue, besonders würzige Art zubereitet, steht im Mittelpunkt dieses Menüs. Es gelingt immer – selbst wenn Sie gerade Ihre ersten Kochversuche starten. Gute Zutaten sind wichtig. Gemüse, das dem Angebot der Jahreszeit entspricht und nicht aus dem Treibhaus kommt, Knoblauch, der noch keine grünen Triebe haben sollte (notfalls rausschneiden), reife Aprikosen. Vorspeise und Hauptgericht enthalten eine ganze Menge Ballaststoffe; wer daran noch nicht so gewöhnt ist, nimmt für die Linsen besser Parboiled Reis. In diesem Fall kocht man die Linsen, bis sie fast weich sind, und gibt erst dann den Reis zu.

Für mehr als vier Personen können Sie zur Rohkost »Fladenbrote« (Rezept Seite 169) und/oder Käse mit Obst als Abschluß servieren.

Tips für den Einkauf

Im Supermarkt gibt es: Parboiled Reis, braune Linsen, Joghurt, ungesüßten Apfelsaft, Zimt;
im Grünen Laden oder Reformhaus: (kaltgepreßtes) Öl in verschiedenen Sorten, Naturreis, Instant-Gemüsebrühe, getrocknetes Bohnenkraut, Kreuzkümmel, Weizenvollkorngrieß, Weizenvollkornmehl, Eier, Zuckerrohrgranulat;
beim Gemüsehändler: frischen Knoblauch, Gemüse für die Vorspeise, Petersilie, Auberginen (ersatzweise Zucchini), unbehandelte Zitrone, Aprikosen.

Vorbereitung

- zwei Stunden vor dem Essen: Klößchenteig zubereiten und zugedeckt ruhenlassen; Joghurt- und Aprikosensoße zubereiten und zugedeckt kühlen (Gesamtdauer etwa 30 Minuten),
- etwa eineinhalb Stunden vor dem Essen: Gemüserohkost vorbereiten, auf einer Platte anrichten, zudecken (Gesamtdauer etwa 20 Minuten);
- etwa 70 Minuten vor dem Essen: Linsenreis aufsetzen und garen; dann im Backofen bei etwa 70 Grad warm halten; Auberginen portionsweise braten, Knoblauchdip zubereiten und beides ebenfalls im Ofen warm halten; Wasser für die Klößchen aufsetzen; Probeklößchen garen; Wasser zugedeckt auf der abgeschalteten Kochstelle stehenlassen;
- unmittelbar vor dem Essen: Rohkost mit Knoblauchdip auf den Tisch stellen; Aprikosensoße aus dem Kühlschrank nehmen;
- nach dem Hauptgericht: Klößchen garen und anrichten (Gesamtdauer etwa 20 Minuten).

Rohes Gemüse mit Knoblauchdip

5 Knoblauchzehen, 50 g Butter, 1/8 l kaltgepreßtes Olivenöl, Salz, frisch gemahlener schwarzer Pfeffer, 750 g gemischtes Gemüse (z. B. Möhren, Zucchini, Stangensellerie, Paprikaschoten, Champignons und Lauchzwiebeln), 1 Bund Petersilie.

Knoblauchzehen abziehen und hacken. Mit Butter und Öl in einen Topf geben und erhitzen, bis die Butter geschmolzen ist. Soße mit Salz und Pfeffer würzen und zugedeckt bei kleiner Hitze ziehen lassen, bis die anderen Zutaten vorbereitet sind. Gemüse putzen oder schälen, waschen und trockentupfen. Möhren und Zucchini in fingerdicke Stifte schneiden. Selleriestangen längs halbieren, Paprikaschoten in Streifen schneiden. Champignons und Zwiebeln ganz lassen. Alle Gemüse auf einer Platte anrichten. Petersilie waschen, trockentupfen, fein hacken und in die Soße mischen. Soße in ein Schälchen füllen und zum Gemüse servieren.

Ergänzung mit *Krustentieren*: Pro Person einen gebratenen Hummerkrabbenschwanz (Scampi) dazu servieren.

Pro Portion 3 g pflanzliches Eiweiß, – tierisches Eiweiß, 42 g Fett, 11 g Kohlenhydrate; 435 Kalorien/1821 Joule.

Auberginen mit Joghurtsoße und Linsenreis

1 kleine Zwiebel, 1 Teel. Butter, 100 g Naturreis, 100 g braune Linsen, 1/2 l Gemüsebrühe, 1 Teel. getrocknetes Bohnenkraut, 2 Becher Magerjoghurt von je 175 g, 2 Eßl. Schlagsahne, 1 Teel. gemahlener Kreuzkümmel (Kumin), Salz, Cayennepfeffer, 750 g Auberginen, 1/8 l Öl (Maiskeim- oder Distelöl), frisch gemahlener schwarzer Pfeffer.

Zwiebel abziehen, hacken und in der heißen Butter glasig braten. Reis und Linsen zugeben und kurz mitbraten. Brühe und Bohnenkraut zugeben, aufkochen und zugedeckt bei kleiner Hitze etwa 45 Minuten garen, bis Linsen und Reis weich sind. Inzwischen Joghurt mit Sahne, Kreuzkümmel, Salz und einer kräftigen Prise Cayennepfeffer mischen und bis zum Servieren kühlen. Auberginen waschen, abtrocknen, putzen und längs in fingerdicke Scheiben schneiden. Portionsweise im heißen Öl bei kleiner bis mittlerer Hitze auf beiden Seiten braun braten. Mit Salz und Pfeffer würzen. Auberginen und Reis auf vorgewärmten Tellern anrichten und mit Soße überziehen.

Pro Portion 11 g pflanzliches Eiweiß, 4 g tierisches Eiweiß, 36 g Fett, 46 g Kohlenhydrate; 580 Kalorien/2428 Joule.

Quarkklößchen mit Aprikosensoße

250 g Magerquark, 50 g Weizenvollkorngrieß, 25 g Weizenvollkornmehl, 1 kleines Ei, 1 Eßl. Zuckerrohrgranulat, Salz, abgeriebene Zitronenschale, 250 g Aprikosen, 100 ccm ungesüßter Apfelsaft, 1 Teel. Zimtpulver, 1 Eßl. Aprikosenlikör (ersatzweise Orangensaft), Salz.

Für die Klößchen Quark, Grieß, Mehl, Ei, Zuckerrohrgranulat, Salz und Zitronenschale vermischen. 30 Minuten zugedeckt ruhenlassen. Für die Soße Aprikosen waschen, halbieren, entsteinen und pürieren. Saft, Zimt und Likör untermischen. Vom Quarkteig mit zwei Eßlöffeln ein Probeklößchen abstechen, in leise kochendes Salzwasser geben und zehn Minuten garen. Wenn das Klößchen seine Form behält, die restlichen Klößchen abstechen und bei kleiner Hitze 10 bis 15 Minuten garen. Behält der Kloß seine Form nicht, ist der Teig zu weich; in diesem Fall noch etwas Grieß untermischen. Klößchen mit einem Schaumlöffel herausnehmen, abtropfen lassen, auf vorgewärmten Tellern anrichten und mit der Aprikosensoße übergießen.

Pro Portion 2 g pflanzliches Eiweiß, 11 g tierisches Eiweiß, 2 g Fett, 26 g Kohlenhydrate; 185 Kalorien/774 Joule.

Schnelle Menüs

Kochen mit links – das geht auch nach allen Regeln gesunder Ernährung. Hier finden Sie vollwertige Menüs, zugeschnitten auf eilige Gastgeber und Gastgeberinnen. Wenn Sie ein wenig Routine haben, schaffen Sie jedes der folgenden Menüs in höchstens zwei Stunden – ganz ohne Streß. Die Planung nehmen Ihnen auch hier die Tips zur Vorbereitung ab. Wenn Sie noch nicht so geübt sind, kalkulieren Sie einfach eine halbe Stunde mehr Zeit zum Kochen ein.

1. Menü

Preiswert und fein gewürzt

1.
Radicchiosalat mit Kapern und Ei

2.
Gemüseplatte mit Safranklößchen

3.
Melonensorbet

Für 4 Personen

Besonders leicht und nicht an eine bestimmte Jahreszeit gebunden ist dieses Menü: Radicchio gibt es immer in guter Qualität, Bohnen nehmen Sie aus der Tiefkühltruhe, das Sorbet kann auch mit frischer Ananas zubereitet werden. Für mehr als vier Personen können Sie das Sorbet nach dem Salat servieren und als Dessert »Quark mit Beeren und Flocken« (Rezept Seite 73) reichen.

Tips für den Einkauf

Im Supermarkt oder Feinkostgeschäft gibt es: Kapern, Senf, Himbeeressig, Oliven, Vollkorntoast, Lorbeerblätter, getrocknetes Bohnenkraut, trockenen Weißwein, Orange, ungesüßten Apfelsaft, Zimt, Honig, fast alle Gewürze;
im Grünen Laden oder Reformhaus: Eier, kaltgepreßtes Olivenöl, Kichererbsen, Instant-Gemüsebrühe, Safran, Gelbwurz, Roggen- und Weizenvollkornmehl;
beim Gemüsehändler: rote Zwiebeln, Radicchio, alle Kräuter, grüne Bohnen, Möhren, Melone.

Vorbereitung

- Am Morgen des Vortages: Kichererbsen einweichen;
- am Vorabend oder morgens: Kichererbsen garen, Melonensorbet zubereiten;
- eineinhalb Stunden vor dem Essen: Eier kochen, Klößchenteig, Salatsoße und Olivenpaste zubereiten (Gesamtdauer etwa 45 Minuten);
- etwa 45 Minuten vor dem Essen: Gemüse und Salat putzen und waschen; Salat anrichten; Sorbet zugedeckt in den Kühlschrank stellen;
- unmittelbar vor dem Essen: Wasser für die Klößchen aufsetzen; Kichererbsen bei mittlerer Hitze aufsetzen, Oliventoast zubereiten;
- nach der Vorspeise: Gemüse und Klößchen garen, Butter zerlassen (Gesamtdauer etwa 15 Minuten).

Radicchiosalat mit Kapern und Ei

2 Eier, 2 rote Zwiebeln, 1 Glas Kapern (Einwaage 40 g), 300 g Radicchio, 2 Knoblauchzehen, Salz, frisch gemahlener schwarzer Pfeffer, 1 Teel. scharfer Senf, 2 Eßl. Himbeeressig (ersatzweise milder Obstessig), 6 Eßl. kaltgepreßtes Olivenöl, 12 schwarze Oliven, 1 Bund Petersilie, 4 Scheiben Vollkorntoast.

Eier in acht Minuten hart kochen, pellen und hacken. Zwiebeln abziehen und in dünne Scheiben schneiden. Kapern abtropfen lassen. Salat putzen, waschen, trockenschwenken, in mundgerechte Stücke zupfen und auf Tellern anrichten. Mit Eiern, Zwiebelringen und Kapern belegen. Abgezogenen Knoblauch sehr fein hacken. Eine Messerspitze davon mit Salz, Pfeffer, Senf, Essig und vier Eßlöffel Öl vermischen und über den Salat träufeln. Entsteinte Oliven hacken. Gewaschene Petersilie trockentupfen und fein zerkleinern. Mit den Oliven und dem Rest von Knoblauch und Öl verrühren. Brot toasten, heiß mit Olivenpaste bestreichen und sofort mit dem Salat servieren.

Pro Portion 4 g pflanzliches Eiweiß, 4 g tierisches Eiweiß, 28 g Fett, 19 g Kohlenhydrate; 385 Kalorien/1612 Joule.

Gemüseplatte mit Safranklößchen

100 g Kichererbsen, 2 Zwiebeln, 2 Lorbeerblätter, 1 Eßl. Instant-Gemüsebrühe, 100 g Butter, Salz, Muskat, 1 Tütchen Safranpulver, 1 Teel. Gelbwurz (Kurkuma), 3 Eier, 80 g Roggenvollkornmehl, 50 g Weizenvollkornmehl, 500 g grüne Bohnen, 500 g junge Möhren, 1 Bund Bohnenkraut (ersatzweise 1 Teel. getrocknetes Bohnenkraut), 1 Bund Petersilie.

Kichererbsen über Nacht zugedeckt in dreiviertel Liter Wasser einweichen. Mit abgezogenen, halbierten Zwiebeln, Lorbeerblättern und Gemüsebrühe zum Kochen bringen und zugedeckt bei kleiner Hitze in etwa 90 Minuten weich garen. Inzwischen knapp zwei Eßlöffel weiche Butter mit Salz, Muskat, Safran und Gelbwurz schaumig rühren. Zuerst nacheinander die Eier, dann die beiden Mehlsorten untermischen. Teig zugedeckt ruhenlassen, bis das Gemüse vorbereitet ist. Bohnen und Möhren putzen. Kleine Möhren längs halbieren, große vierteln. Bohnenkraut kalt abspülen. Gemüse und unzerkleinertes Bohnenkraut zu den Kichererbsen geben, aufkochen und zugedeckt bei kleiner Hitze 15 Minuten garen. Vom Klößchenteig mit einem nassen Eßlöffel zwölf Klößchen abstechen und in reichlich kochendes Salzwasser geben. Klößchen bei kleiner Hitze zehn Minuten garen, dabei einige Male wenden. Petersilie hacken. Restliche Butter zerlassen und dabei leicht bräunen. Abgetropftes Gemüse und Klößchen auf vorgewärmten Tellern anrichten, mit Petersilie bestreuen und mit brauner Butter beträufeln.

Pro Portion 13 g pflanzliches Eiweiß, 5 g tierisches Eiweiß, 33 g Fett, 52 g Kohlenhydrate; 550 Kalorien/2302 Joule.

TIP: Im Kochwasser von Klößchen aus Vollkornteigen oder von Vollkornnudeln sind Nähr- und Mineralstoffe gelöst. Sie sollten es deshalb nicht weggießen, sondern für Suppen oder für die Zubereitung von Gemüsebrühe (siehe Kasten) verwenden.

Melonensorbet

1 kg Wassermelone, 1/4 l trockener Weißwein (ersatzweise frisch gepreßter Orangensaft oder ungesüßter Apfelsaft und 1–2 Eßl. Zitronensaft), 1 Messerspitze Zimtpulver, 1–2 Eßl. Honig, eventuell Blättchen von Minze oder Zitronenmelisse zum Garnieren.

Melone achteln, Kerne entfernen. Fruchtfleisch von der Schale schneiden und pürieren. In einer Schüssel mit Wein, Zimtpulver und flüssigem Honig vermischen. Zugedeckt für mindestens zwei Stunden in das Gefriergerät stellen; währenddessen einige Male durchrühren, damit sich keine zu großen Eiskristalle bilden. Das Sorbet vor dem Servieren erneut kräftig durchrühren, auf Dessertschälchen verteilen, nach Wunsch mit Kräuterblättchen belegen und sofort anrichten.

Pro Portion 2 g pflanzliches Eiweiß, – tierisches Eiweiß, – Fett, 24 g Kohlenhydrate; 135 Kalorien/565 Joule.

Gemüsebrühe

In der Vollwertküche ist Gemüsebrühe die Grundlage für viele Suppen und Soßen. Man kann sie – wie Fleisch- und Geflügelbrühen – auf Vorrat kochen und portionsweise einfrieren. Für knapp eineinhalb Liter Brühe brauchen Sie 500 Gramm Staudensellerie, eine Fenchelknolle (etwa 250 Gramm), 300 Gramm Möhren, 250 Gramm Porree, je eine Petersilienwurzel, Zwiebel und Knoblauchzehe. Alle Zutaten putzen und/oder schälen, fein zerkleinern und mit einem Bund Petersilie, einem Lorbeerblatt, einigen Wacholderbeeren, weißen Pfefferkörnern und frischem oder getrocknetem Thymian in einen Topf geben. Mit eineinhalb Liter Wasser oder Kochwasser von Klößchen oder Nudeln (siehe Rezept »Gemüseplatte mit Safranklößchen«, Seite 67) übergießen, aufkochen und zugedeckt bei kleiner Hitze 30 Minuten garen. Durch ein Sieb gießen, Gemüse gut ausdrücken und wegwerfen. Brühe gleich weiterverarbeiten oder nach dem Auskühlen einfrieren. Im Kühlschrank hält sich Gemüsebrühe in einem festverschlossenen Gefäß bis zu drei Tagen.

2. Menü

Preiswert und ganz einfach

1.
Gemischte Gemüse mit Avocadocreme

2.
Kartoffelcurry mit Eiern
Tomatensalat

3.
Quark mit Beeren und Flocken

Für 4 Personen

Dieses schnelle Menü ist besonders typisch für die vollwertige Ernährung: mit hochwertigem Eiweiß durch Kartoffeln und Ei, Quark und Getreideflocken, dazu mit reichlich Ballaststoffen. Es schmeckt allen, die gut Gewürztes mögen und eine handfeste Nachspeise dem leichten Dessert vorziehen.

Für mehr als vier Personen können Sie zur Vorspeise »Vollkornbrötchen mit Tomatenpüree« (Rezept Seite 165) und/oder als Abschluß Käse reichen.

Tips für den Einkauf

Im Supermarkt gibt es: Muskat, Rotwein- und Balsamessig, Zimt;
im Grünen Laden oder Reformhaus: Tofu, (kaltgepreßtes) Öl in verschiedenen Sorten, Gelbwurz, Kreuzkümmel, Koriander, Instant-Gemüsebrühe, Eier, Weizenflocken, Sesamsamen, Zuckerrohrgranulat, ungesüßtes Preiselbeerkompott, Naturvanille;
beim Gemüsehändler: alle Gemüse und Kräuter, unbehandelte Zitrone, Kartoffeln, Tomaten, Beeren (ersatzweise zwei Pakete gemischte Tiefkühl-Beeren aus dem Supermarkt).

Vorbereitung

- Eineinhalb Stunden vor dem Essen: Quark und Avocadocreme zubereiten (Gesamtdauer etwa 45 Minuten):
- etwa 45 Minuten vor dem Essen: Gemüse vorbereiten und anrichten; Kartoffeln mit Brühe aufsetzen;
- nach der Vorspeise: Curry mit Sahne fertigstellen, Eier kochen, Tomatensalat zubereiten (Gesamtdauer etwa 20 Minuten).

Gemischte Gemüse mit Avocadocreme

Je 150 g Möhren, Salatgurke, weißer Rettich, Staudensellerie und rote Paprikaschote, 4 Lauchzwiebeln (etwa 100 g), 4 große Champignons (etwa 125 g), 1 reife Avocado (etwa 200 g), 1 Zitrone, 50 g Tofu, 1 Becher saure Sahne (100 g), Salz, frisch gemahlener weißer Pfeffer, 1 Eßl. gehackte Petersilie.

Möhren, Gurke und Rettich schälen. In Stifte oder Scheiben schneiden. Sellerie, Paprikaschote, Lauchzwiebeln und Champignons putzen, waschen und trockentupfen. Selleriestan-gen und Paprikaschote in Streifen schneiden. Alle Gemüse auf einer Platte anrichten. Für die Creme Avocado halbieren, vom Kern befreien und schälen. Mit Zitronensaft, Tofu und Sahne pürieren, mit Salz und Pfeffer abschmecken. In ein Schälchen füllen und mit Petersilie bestreuen. Zum Gemüse servieren.

Pro Portion 5 g pflanzliches Eiweiß, 1 g tierisches Eiweiß, 15 g Fett, 14 g Kohlenhydrate; 225 Kalorien/942 Joule.

Kartoffelcurry mit Eiern

1,2 kg Kartoffeln (mehlige Sorte), 1 Zwiebel, 1 Eßl. Öl (Sonnenblumen- oder Sojaöl), 1 Eßl. Gelbwurz (Kurkuma), 1 Eßl. gemahlener Kreuzkümmel (Kumin), 1 Teel. gemahlener Koriander, 1/2 Teel. Muskat, Salz, frisch gemahlener schwarzer Pfeffer, etwa 350 ccm Gemüsebrühe, 1 Becher Schlagsahne (200 g), 4 Eier, 1 Eßl. frisch gehackter Majoran (ersatzweise Petersilie).

Geschälte Kartoffeln würfeln. Abgezogene Zwiebel hacken und mit allen Gewürzen im heißen Öl glasig braten. Kartoffeln und Brühe zugeben, aufkochen und zugedeckt bei kleiner Hitze 15 Minuten garen. Sahne untermischen und weitere 10 bis 20 Minuten garen. Dabei häufig umrühren, damit nichts anbrennt. Eier in sechs bis acht Minuten wachsweich kochen, ab-

TIP: Je mehliger die Kartoffeln sind, desto mehr Brühe ist nötig, damit das Curry sämig und nicht zu trocken wird.

schrecken, pellen und halbieren, Curry und Eihälften auf Tellern anrichten, mit Majoran bestreuen.

Pro Portion 6 g pflanzliches Eiweiß, 8 g tierisches Eiweiß, 25 g Fett, 40 g Kohlenhydrate; 545 Kalorien/2281 Joule.

Tomatensalat

500 g Fleischtomaten, 1 Bund Schnittlauch, Salz, frisch gemahlener schwarzer Pfeffer, 1 Eßl. milder Rotweinessig, 1 Eßl. Balsamessig, 4 Eßl. kaltgepreßtes Öl (Oliven-, Maiskeim- oder Sonnenblumenöl).

Tomaten waschen und abtrocknen. Die Stielansätze mit einem spitzen Messer herausschneiden. Tomaten in Scheiben schneiden und kreisförmig auf einer Platte anrichten. Gewaschenen Schnittlauch in Röllchen schneiden und über die Tomaten streuen. Tomaten salzen und mit reichlich Pfeffer bestreuen. Beide Essigsorten und Öl darüberträufeln.

Pro Portion 2 g pflanzliches Eiweiß, – tierisches Eiweiß, 12 g Fett, 5 g Kohlenhydrate; 140 Kalorien/586 Joule.

TIP: Stielansätze und noch grüne Kerne von Tomaten sollten Sie immer entfernen, denn beides enthält – in geringen Mengen – schädliches Solanin.

Quark mit Beeren und Flocken

50 g Weizenflocken, 50 g Sesamsamen, 20 g Butter,
75 g Zuckerrohrgranulat, 250 g Magerquark, abgeriebene Zitronenschale;
1/2 Glas ungesüßtes Preiselbeerkompott (Einwaage 180 g),
1/2 Becher Schlagsahne (125 g), 1 Teel. gemahlene Naturvanille,
1/2 Teel. Zimtpulver, 500 g Beeren (z. B. Himbeeren, Erdbeeren, Brombeeren oder Blaubeeren).

Flocken und Sesam in der heißen Butter unter Rühren anrösten, bis der Sesam duftet. Mit einem Eßlöffel Zuckerrohrgranulat bestreuen, durchrühren und erkalten lassen. Quark mit

Zitronenschale und Kompott vermischen. Sahne mit restlichem Zuckerrohrgranulat, Vanille und Zimt steif schlagen und locker unter den Quark ziehen. Beeren verlesen, waschen und trockentupfen. Einige Beeren zum Garnieren beiseite legen. Quarkcreme, Beeren und Flockenmischung schichtweise auf hohe Dessertgläser verteilen. Im Kühlschrank mindestens 60 Minuten durchziehen lassen. Mit Beeren verzieren und anrichten.

Pro Portion 6 g pflanzliches Eiweiß, 10 g tierisches Eiweiß, 22 g Fett, 43 g Kohlenhydrate; 435 Kalorien/1821 Joule.

3. Menü

Leichte Sommerküche mit neuen Zutaten

1.
Kohlrabirohkost mit Alfalfa

2.
Bohnenragout mit Tomaten und Bulgur

3.
Biskuitkuchen mit Beeren

Für 6 Personen

Wenn Sie neue Zutaten kennenlernen und viel Gemüse essen wollen, ist dieses Menü genau richtig. Alfalfa und Kürbiskerne können Sie in (fast) allen Reformhäusern kaufen. Bulgur, grob vermahlenen Weizen, gibt es in manchen Grünen Läden und beim türkischen Lebensmittelhändler.

Tips für den Einkauf

Im Supermarkt oder Feinkostgeschäft gibt es: Crème fraîche, Honigsenf, Kidney-Bohnen, Parmesankäse, Mascarpone, alle Gewürze;
im Grünen Laden oder Reformhaus: Alfalfasamen, Apfeltee, Apfelessig, (kaltgepreßtes) Öl in verschiedenen Sorten, Kürbiskerne, eventuell Bulgur, Hirse, Instant-Gemüsebrühe, Eier, Zuckerrohrgranulat, Weizenvollkornmehl, ungesüßten Himbeersaft;
beim Gemüsehändler: Kohlrabi, alle Kräuter, grüne Bohnen, Tomaten, unbehandelte Zitrone, Johannisbeeren, Himbeeren.

Vorbereitung

- Drei Tage vor dem Essen: Alfalfasamen keimen;
- am Vortag: Biskuitkuchen zubereiten (ohne Himbeeren);
- eineinviertel Stunden vor dem Essen: Salatsoße zubereiten, alle Zutaten für das Hauptgericht vorbereiten; Biskuitkuchen mit Beeren verzieren; Bulgur garen, zugedeckt warm halten (Gesamtdauer etwa 60 Minuten);
- etwa 15 Minuten vor dem Essen: Rohkost zubereiten; Hauptgericht aufsetzen.

Kohlrabirohkost mit Alfalfa

2 Eßl. Alfalfasamen, 1 Beutel Apfeltee, 1 Eßl. Apfelessig, 1 Eßl. Crème fraîche, 1 Teel. Honigsenf (ersatzweise süßer Senf), Salz, frisch gemahlener schwarzer Pfeffer, 2 Eßl. kaltgepreßtes Öl (Sonnenblumen-, Distel- oder Maiskeimöl), 3 Kohlrabiknollen (etwa 750 g), 25 g Kürbiskerne, 1 Eßl. gehackter Kerbel (ersatzweise Petersilie).

Alfalfasamen drei Tage keimen lassen (siehe Kasten Seite 118). Für die Salatsoße Apfeltee mit 1/2 Tasse kochendem Wasser übergießen und zehn Minuten ziehen lassen. Erkaltet mit Essig, Crème fraîche, Senf, Salz, Pfeffer und Öl verrühren. Kohlrabiblättchen abschneiden, waschen und hacken. Kohlrabiknollen schälen und auf der Rohkostreibe raspeln. Mit abgespülten Sprossen, Salatsoße und Kürbiskernen mischen und auf Tellern verteilen. Mit Kohlrabiblättchen und Kerbel bestreuen.

Pro Portion 4 g pflanzliches Eiweiß, – tierisches Eiweiß, 7 g Fett, 9 g Kohlenhydrate; 120 Kalorien/502 Joule.

Bohnenragout mit Tomaten und Bulgur

600 g grüne Bohnen, 2 Zwiebeln, 1 Knoblauchzehe, 2 Eßl. Öl, 200 g Bulgur (ersatzweise Hirse), 1/2 l Gemüsebrühe, 1 Bund Bohnenkraut (ersatzweise 1 Eßl. getrocknetes Bohnenkraut), 1 Dose Kidney-Bohnen (Einwaage 265 g), 500 g Tomaten, 1 Becher Crème fraîche (200 g), 50 g frisch geriebener Parmesankäse, Salz, frisch gemahlener schwarzer Pfeffer, 1 Eßl. frisch gehackte Petersilie.

Bohnen putzen und waschen. Zwiebeln und Knoblauch abziehen und hacken. Einen Eßlöffel Öl erhitzen, die Hälfte der Zwiebeln und Bulgur darin unter Rühren anbraten. Etwa drei Viertel der Brühe zugießen, aufkochen und zugedeckt bei kleiner Hitze 20 Minuten garen. Restliches Öl erhitzen, Zwiebel und Knoblauch darin glasig braten. Bohnen, gehacktes Bohnenkraut, abgetropfte Kidney-Bohnen und den Rest der Brühe zugeben. Nach dem Aufkochen zugedeckt 15 Minuten bei kleiner Hitze garen. Inzwischen Tomaten abziehen und hacken. Mit Crème fraîche und Käse unter die Bohnen mischen. Bohnen und Bulgur mit Salz und Pfeffer abschmecken. Bulgur mit Petersilie mischen.

Pro Portion 11 g pflanzliches Eiweiß, 4 g tierisches Eiweiß, 18 g Fett, 44 g Kohlenhydrate; 415 Kalorien/1737 Joule.

Biskuitkuchen mit Beeren

5 Eier, 100 g Zuckerrohrgranulat, 1/4 Zitrone, 125 g Weizenvollkornmehl, Fett und Mehl für die Bleche, 200 g rote Johannisbeeren, 1/8 l ungesüßter Himbeersaft, 4 Eigelb, 500 g Mascarpone (ersatzweise Quark mit 40 % und 2 Eßl. Crème fraîche), 200 g Himbeeren.

Für den Teig Eiweiß und drei Eßlöffel kaltes Wasser mit den Quirlen des Handrührgerätes steif schlagen. Etwa zwei Drittel des Zuckerrohrgranulats einrieseln lassen und so lange weiterschlagen, bis der Eischnee glänzt. Eigelb und abgeriebene Zitronenschale unterziehen (Handrührgerät auf die niedrigste Stufe stellen). Mehl darübersieben und mit einem Schneebesen vorsichtig untermischen. Teig in einen Spritzbeutel mit großer Tülle füllen und mit reichlich Abstand etwa zehn Zentimeter lange Löffelbiskuits auf zwei gefettete, mit Mehl bestäubte Backbleche spritzen (die gesamte Teigmenge ergibt 35 bis 40 Biskuits). Erstes Blech in den kalten Backofen schieben, auf 180 Grad / Gas Stufe 2 schalten und Biskuits 15 bis 20 Minuten backen. Sofort vom Blech lösen und auf einem Kuchengitter vollkommen erkalten lassen. Die zweite Portion Löffelbiskuits etwa zehn Minuten backen. Johannisbeeren waschen und abzupfen. Mit Himbeersaft pürieren. Für die Creme Eigelb mit einem Schneebesen schaumig schlagen. Den Rest des Zuckerrohrgranulats einrieseln lassen und weiterschlagen, bis eine dicke, hellbraune Schaummasse entstanden ist. Mascarpone eßlöffelweise zugeben und rühren, bis auch diese Masse dickflüssig und cremig ist. Die Hälfte der Löffelbiskuits nebeneinander in eine Form mit niedrigem Rand legen. Etwa die Hälfte vom Johannisbeermus darüber verteilen und mit der Hälfte der

Mascarponecreme bestreichen, dabei auch die Zwischenräume zwischen den Biskuits ausfüllen. Die restlichen Löffelbiskuits darauflegen, mit Johannisbeermus und Creme bestreichen. Kuchen zugedeckt mindestens acht Stunden kühlen. Himbeeren verlesen, waschen und trockentupfen. Kuchen portionieren und mit Himbeeren belegt anrichten.

Pro Portion 3 g pflanzliches Eiweiß, 17 g tierisches Eiweiß, 40 g Fett, 36 g Kohlenhydrate; 620 Kalorien/2595 Joule.

4. Menü

Gelingt ganz leicht

1.
Klare Gemüsesuppe

2.
Gemüserohkost mit Joghurt-Pesto

3.
Überbackene Eierkuchen

4.
Erdbeeren mit Sanddornsahne

Für 6 Personen

Ein schnelles Menü mit reichlich Rohkost, das auch sehr hungrige Esser satt macht. Das Gemüse ist Zwischengang oder frische Beilage zum Hauptgericht.

Tips für den Einkauf

Im Supermarkt oder Feinkostgeschäft gibt es: Sojasoße, trockenen Sherry, tiefgekühltes Suppengemüse, Erbsen und Spinat, Pinienkerne, Parmesankäse, Joghurt, Crème fraîche, Emmentaler Käse, passierte Tomaten, Vanilleeiscreme, Tiefkühl-Beeren, Honig, Gewürze;
im Grünen Laden oder Reformhaus: Instant-Gemüsebrühe, (kaltgepreßtes) Öl in verschiedenen Sorten, Weizenvollkornmehl, Sojamehl, Eier, Tofu, Sesamsamen, ungesüßten Sanddornsirup;
beim Gemüsehändler: alle Kräuter, Salatgurke, Paprikaschoten, Zitrone, Erdbeeren.

Vorbereitung

- Am Vorabend oder morgens: Eierkuchen backen, Spinat auftauen;
- eineinhalb Stunden vor dem Essen: Sahne für Dessert schlagen, Füllung für Eierkuchen und Pesto mischen, Gemüse und Erdbeeren vorbereiten (Gesamtdauer etwa 60 Minuten);
- etwa 30 Minuten vor dem Essen: Eierkuchen einschichten; Eis in den Kühlschrank stellen; Rohkost anrichten, Suppe kochen; Eierkuchen backen.

Klare Gemüsesuppe

1 l Gemüsebrühe, 3 Eßl. Sojasoße, 1 Eßl. trockener Sherry (ersatzweise Zitronensaft), 1 Paket Tiefkühl-Suppengemüse (450 g), 1 Paket Tiefkühl-Erbsen (300 g), Salz, 1 Bund Schnittlauch, 1 Kästchen Gartenkresse.

Gemüsebrühe mit Sojasoße und Sherry aufkochen. Suppengemüse und Erbsen zufügen, zum Kochen bringen und zugedeckt bei schwacher Hitze fünf Minuten garen. Mit Salz abschmecken, mit fein zerkleinertem Schnittlauch und abgeschnittener Kresse bestreut anrichten.

Ergänzung mit *Fleisch oder Fisch:* Ein doppeltes, gehäutetes und entbeintes Hühnerbrüstchen 10 bis 15 Minuten in der Brühe garen, würfeln und zum Schluß in der Suppe anrichten. *Oder:* 200 Gramm Schollenfilet in Streifen schneiden, in die Suppenteller geben, mit Salz, Pfeffer, Zitronensaft und gehackter Zitronenschale würzen. Die kochendheiße Suppe darübergießen.

Pro Portion 7 g pflanzliches Eiweiß, – tierisches Eiweiß, 2 g Fett, 13 g Kohlenhydrate; 95 Kalorien/398 Joule.

Gemüserohkost mit Joghurt-Pesto

2 Bund Basilikum, 3 Knoblauchzehen, 50 g Pinienkerne (ersatzweise Cashewnußkerne oder abgezogene Mandeln), 100 g frisch geriebener Parmesankäse, 1/8 l kaltgepreßtes Olivenöl, 1 Becher Joghurt (3,5 %, 150 g), 300 g Salatgurke, je 1 rote, gelbe und grüne Paprikaschote (etwa 600 g), frisch gemahlener Pfeffer.

Basilikum waschen und trockentupfen. Knoblauch abziehen. Beide Zutaten mit Pinienkernen, Käse und Olivenöl im Mixer oder mit dem Schneidestab des Handrührgerätes zu einer dicken Paste vermischen. Joghurt unterrühren. Gurke schälen und in etwa sechs Zentimeter lange, fingerdicke Stifte schneiden. Kerne dabei entfernen. Paprikaschoten putzen, waschen und in Streifen schneiden. Gemüse auf einer Platte anrichten, mit Pfeffer bestreuen. Pesto dazu servieren.

Pro Portion 3 g pflanzliches Eiweiß, 7 g tierisches Eiweiß, 30 g Fett, 9 g Kohlenhydrate; 365 Kalorien/1528 Joule.

Überbackene Eierkuchen

50 g Weizenvollkornmehl, 50 g Sojamehl (vollfett), Salz, $^1/_4$ l Mineralwasser, 2 Eier, Öl zum Backen, 1 Paket Tiefkühl-Spinat (300 g), 250 g Tofu, $^1/_2$ Becher Crème fraîche (100 g), 1 Bund Petersilie, 1 Eßl. Zitronensaft, 150 g frisch geriebener Emmentaler Käse, 75 g Sesamsamen, frisch gemahlener weißer Pfeffer, Muskat, 1 Paket passierte Tomaten (500 g), 1 Eßl. Olivenöl, 20 g Butter.

Weizen- und Sojamehl mit Salz und Mineralwasser verrühren. Eier untermischen. Teig zugedeckt fünf Stunden im Kühlschrank quellen lassen. Im heißen Öl sechs Eierkuchen backen. Für die Füllung aufgetauten, abgetropften Spinat mit püriertem Tofu und Crème fraîche mischen. Petersilie waschen, trockentupfen und hacken. Die Hälfte der Petersilie, Zitronensaft, die Hälfte des Käses und die Sesamsamen unter die Füllung mischen. Mit Salz, Pfeffer und Muskat abschmecken. Auf den Eierkuchen verteilen, Eierkuchen locker zusammenfalten und in eine ofenfeste Form mit niedrigem Rand geben. Für die Soße Tomaten mit dem Rest der Petersilie, Olivenöl und Salz verrühren. Über den Eierkuchen verteilen. Käse darüberstreuen. Butter in Flöckchen teilen und darauflegen. Form in den kalten Backofen schieben, auf 220 Grad / Gas Stufe 3 schalten und Eierkuchen 30 Minuten backen.

Pro Portion 12 g pflanzliches Eiweiß, 9 g tierisches Eiweiß, 38 g Fett, 17 g Kohlenhydrate; 505 Kalorien/2114 Joule. (Foto siehe Bildteil)

TIP: Vollfettes Sojamehl wird aus gemahlenen Sojabohnen hergestellt. Es enthält etwa 40 Prozent Eiweiß und 20 Prozent Fett. Kombiniert mit Weizen, Eiern und/oder Sesam ergibt das Sojaeiweiß besonders hochwertiges Nahrungseiweiß. Deshalb eignet sich Sojamehl gut für herzhafte und süße Mehlspeisen und Gebäck. Sie sollten allerdings immer vollfettes Sojamehl – auch Vollsojamehl genannt – kaufen, denn zur Herstellung von entfettetem Sojamehl sind chemische Prozesse notwendig.

Erdbeeren mit Sanddornsahne

100 g Joghurtparfait oder Tee-Eis (Rezepte Seite 107 oder 172; ersatzweise fertig gekaufte Vanilleeiscreme), 600 g frische Erdbeeren (ersatzweise 2 Pakete Tiefkühl-Erdbeeren oder gemischte Beeren von je 300 g), 2 Eßl. ungesüßter Sanddornsirup, 1/2 Becher Schlagsahne (125 g), 1 Eßl. Honig.

Eis in eine Schüssel geben und antauen lassen, so daß es sich mit den Quirlen des Handrührgerätes cremig rühren läßt. Inzwischen Erdbeeren verlesen, waschen, trockentupfen, abzupfen und auf tiefen Tellern verteilen. Große Früchte halbieren oder vierteln (Tiefkühlfrüchte auftauen lassen). Eis mit Sanddornsirup verrühren. Sahne steif schlagen und unterziehen. Auf die Beeren geben und mit Honig beträufeln.

Pro Portion 1 g pflanzliches Eiweiß, 1 g tierisches Eiweiß, 11 g Fett, 13 g Kohlenhydrate; 160 Kalorien/670 Joule.

Tofu

Tofu, ein quarkähnliches, leicht säuerlich schmeckendes Produkt aus gelben Sojabohnen, zählt in Ostasien seit Jahrhunderten zu den Grundnahrungsmitteln und ist bei uns zunächst durch die makrobiotische Ernährung, später durch die Vollwertkost bekannt geworden. Er ist ein ausgezeichneter Ersatz für Fleisch mit reichlich hochwertigem pflanzlichem Eiweiß, wertvollen Fettsäuren, dabei – anders als Fleisch – frei von Cholesterin und Purinen. Allerdings enthält es kaum Kohlenhydrate und Ballaststoffe und sollte deshalb immer mit ballaststoffreichen Lebensmitteln wie Hülsenfrüchten, Vollkornprodukten und/oder Gemüse kombiniert werden. In Grünen Läden und Reformhäusern gibt es verschiedene Arten von Tofu zu kaufen: weichen Tofu für Frikadellen, Klößchen, Dressings, Soßen und Suppen, schnittfesten für die Zubereitung von Ragout und gebratenen oder marinierten Schnitten. Meist ist das Tofu-Angebot in Grünen Läden vielfältiger: Dort bekommen Sie oft auch Räuchertofu (der ähnlich wie Räucherfisch schmeckt und sich als Brotbelag eignet) oder Tofu-Zubereitungen mit Gemüse, Kräutern oder Algen. Für Frikadellen und Klößchen muß schnittfester Tofu püriert oder ganz fein zerdrückt und mit den Fingern gut durchgeknetet werden, damit der Teig richtig bindet und beim Garen nicht zerfällt.

Wenn Sie Tofu nicht aufbrauchen, legen Sie ihn in ein verschließbares Gefäß und bedecken ihn gerade eben mit kaltem Wasser. Im Kühlschrank hält er sich so etwa eine Woche. Das Wasser muß täglich gewechselt werden.

5. Menü

Raffiniert und nicht ganz billig

1.
Mangold mit Korinthen und
Pinienkernen

2.
Eier in Sprossensoße
Wildreis mit Petersilie

3.
Apfelsorbet mit Beeren

Für 6 Personen

Das ganze Menü ist leicht, die Zutaten sind außergewöhnlich – ein Menü für Feinschmecker, die Lust auf edle Vollwertkost haben. Vorspeise und Hauptgericht schmecken frisch gemacht am besten. Damit die Zubereitung rasch geht, sollten Sie im Kochen geübt sein.

Tips für den Einkauf

Im Supermarkt gibt es: Parboiled Reis, ungesüßten Apfelsaft, Pfefferminztee, gemischte Tiefkühl-Beeren, fast alle Gewürze;
im Grünen Laden oder Reformhaus: Korinthen, (kaltgepreßtes) Öl in verschiedenen Sorten, Pinienkerne, Alfalfa- und Kressesamen, Eier, Weizenvollkornmehl, Instant-Gemüsebrühe, Wildreis, Koriander, Zuckerrohrgranulat;
beim Gemüsehändler: Zitrone, Mangold, rote Pfefferschote, alle Kräuter, Schalotten, säuerliche Äpfel.

Vorbereitung

- Drei Tage vor dem Essen: Alfalfa und Kresse keimen;
- am Vorabend oder morgens: Sorbet zubereiten;
- eine Stunde vor dem Essen: Pfefferminztee kochen, Zutaten für die Vorspeise vorbereiten (Gesamtdauer etwa 45 Minuten);
- etwa 15 Minuten vor dem Essen: Sorbet und Beeren in den Kühlschrank stellen, Wildreis aufsetzen; Vorspeise zubereiten;
- nach der Vorspeise: Hauptgericht garen (Gesamtdauer etwa 15 Minuten).

Mangold mit Korinthen und Pinienkernen

50 g Korinthen, 1 große Zitrone, 1 kg Mangold (ersatzweise Spinat oder Paksoi), 3 Knoblauchzehen, 1 frische oder getrocknete rote Pfefferschote, 5 Eßl. kaltgepreßtes Öl (Maiskeim-, Erdnuß- oder Sonnenblumenöl), 100 g Piniekerne (ersatzweise Cashew- oder Walnußkerne), Salz.

Korinthen mit der Hälfte des Zitronensaftes beträufeln und zugedeckt ziehen lassen, bis die anderen Zutaten vorbereitet sind. Mangold putzen, waschen und mit den Stielen in etwa drei Zentimeter breite Streifen schneiden. Abgezogenen Knoblauch grob hacken. Pfefferschote von den Kernen befreien. Öl in einer Pfanne warm werden lassen. Restlichen Zitronensaft zugeben. Korinthen, Knoblauch, Pfefferschote und Pinienkerne darin bei kleiner Hitze fünf Minuten ziehen lassen. Etwa fingerhoch Wasser mit Salz in einem großen Topf aufkochen. Mangold darin zugedeckt vier Minuten garen. Dabei den Topf einige Male kräftig rütteln. Abgetropften Mangold auf Teller geben. Korinthen und Pinien mit Knoblauchöl darüber verteilen.

Pro Portion 8 g pflanzliches Eiweiß, – tierisches Eiweiß, 19 g Fett, 15 g Kohlenhydrate; 270 Kalorien/1130 Joule.

Eier in Sprossensoße

Je 10 g Alfalfa- und Kressesamen, 12 Eier, 20 g Weizenvollkornmehl, 1/4 l Gemüsebrühe, 1/2 Becher Schlagsahne (125 g), 1 Eigelb, Salz, frisch gemahlener weißer Pfeffer, Muskat, 1 Bund Schnittlauch.

Alfalfa- und Kressesamen drei Tage keimen lassen (siehe Kasten Seite 118). Sprossen kalt abspülen und abtropfen lassen. Eier in sechs Minuten wachsweich kochen. Mehl unter Rühren anrösten, bis es duftet. Gemüsebrühe unter kräftigem Rühren langsam hinzugießen. Soße einmal aufkochen und so lange rühren, bis sie glatt ist. Soße zugedeckt bei kleiner Hitze fünf Minuten kochen. Sahne mit Eigelb verquirlen, in die heiße, nicht mehr kochende Soße rühren. Soße mit Salz, Pfeffer und Muskat abschmecken. Fein zerkleinerten Schnittlauch und die Hälfte der Sprossen untermischen. Eier kalt abschrecken, pellen, halbieren, auf Tellern anrichten und mit der Soße überziehen. Restliche Sprossen darüberstreuen.

Pro Portion 1 g pflanzliches Eiweiß, 15 g tierisches Eiweiß, 20 g Fett, 5 g Kohlenhydrate; 285 Kalorien/1193 Joule.

Wildreis mit Petersilie

1 Schalotte (ersatzweise 1 kleine Zwiebel), 20 g Butter, 100 g Wildreis (ersatzweise Naturlangkornreis), 100 g Langkornreis (Parboiled), knapp $^1/_2$ l Gemüsebrühe, Salz, 1 Messerspitze gemahlener Koriander, 2 Eßl. frisch gehackte Petersilie.

Schalotte abziehen und fein hacken. In der Hälfte der heißen Butter glasig braten. Wildreis und Langkornreis kurz mitbraten. Gemüsebrühe zugießen, mit Salz und Koriander würzen. Einmal aufkochen und zugedeckt bei kleiner Hitze 25 Minuten garen. Restliche Butter und die Petersilie untermischen.

Pro Portion 3 g pflanzliches Eiweiß, – tierisches Eiweiß, 3 g Fett, 27 g Kohlenhydrate; 145 Kalorien/607 Joule.

TIP: Der ballaststoffreiche Wildreis ist botanisch nicht mit Reis verwandt. Das Wassergras mit tief dunkelbraunen, langen und dünnen Körnern wächst wild an Fluß- und Seeufern Nordamerikas und Kanadas. Wildreis ist rar und dazu mühsam zu ernten, was ihn zu einer ziemlich teuren Delikatesse macht. Gemischt mit Parboiled Reis ist er jedoch erschwinglich und behält seinen feinen Geschmack.

Apfelsorbet mit Beeren

250 g säuerliche Äpfel, 25 g Zuckerrohrgranulat, 1/8 l ungesüßter Apfelsaft, 2 Eßl. Zitronensaft, 2 Handvoll frische Pfefferminze-Blätter (ersatzweise 2 Beutel Pfefferminztee), 1/2 Paket gemischte Tiefkühl-Beeren (150 g).

Äpfel schälen, vierteln, vom Kerngehäuse befreien und würfeln. Mit Zuckerrohrgranulat, Apfel- und Zitronensaft weich kochen. Im Mixer pürieren, in eine Metallschüssel füllen, in das Gefriergerät stellen und in etwa drei Stunden fest werden lassen. Dabei zwei- oder dreimal mit dem Schneebesen kräftig durchrühren, damit sich keine großen Eiskristalle bilden. Minzeblättchen waschen, in einer Kanne mit 350 Kubikzentimeter kochendem Wasser übergießen und fünf Minuten ziehen lassen. Pfefferminztee abgießen und bis zum Servieren zugedeckt kühlen. Vom Sorbet sechs Portionen abstechen und in gekühlte Gläser geben. Angetaute Beeren darüber verteilen. Mit dem Pfefferminztee aufgießen und sofort servieren.

Pro Portion – pflanzliches Eiweiß, – tierisches Eiweiß, – Fett, 19 g Kohlenhydrate; 80 Kalorien/335 Joule.

6. Menü

Schmeckt im Spätsommer am besten

1.
Kalte Gemüsesuppe

2.
Blattspinat mit Tofu

3.
Waffeln mit Zwiebeln

4.
Käseplatte mit Weintrauben und Oliven

Für 4 Personen

Ein Menü mit einfachen Gerichten, das jedem garantiert gelingt und allen Spaß macht: Die Waffeln backt man nämlich gemeinsam bei Tisch. Für mehr als vier Personen können Sie vor der Käseplatte »Rote Grütze« (Rezept Seite 113) servieren.

Tips für den Einkauf

Im Supermarkt oder Feinkostgeschäft gibt es: Sojasoße, Senf, Weißwein- oder Obstessig, alten Goudakäse, getrockneten Thymian, Weinblätter, verschiedene Käsesorten, Oliven, Gewürze, Vollkornbrot;

im Grünen Laden oder Reformhaus: Instant-Gemüsebrühe, (kaltgepreßtes) Öl in verschiedenen Sorten, Tofu, Eier, Weizenschrot;

beim Gemüsehändler: alle Gemüse, Kräuter und Salate, Zitrone, Lauchzwiebeln, Weintrauben.

Vorbereitung

- Zwei Stunden vor dem Essen: Tofu marinieren, Käseplatte anrichten und zugedeckt bei Zimmertemperatur stehenlassen, Waffelteig (ohne Zwiebeln und Petersilie) rühren, Salatsoße und Gemüsesuppe zubereiten (Gesamtdauer etwa $1^1/_2$ Stunden);
- etwa 30 Minuten vor dem Essen: Waffelteig fertigstellen, Salatzutaten vorbereiten, Tofu braten;
- unmittelbar vor dem Essen: Salat mischen und anrichten.

Kalte Gemüsesuppe

300 g Tomaten, 200 g Möhren, 150 g Salatgurke, 1 rote Paprikaschote (etwa 250 g), 1 kleine milde Zwiebel, 2 Knoblauchzehen, je 1 kleines Bund Petersilie, Dill und Schnittlauch, 1 Handvoll Kerbel, 1/4 l kalte Gemüsebrühe, 1 Teel. Zitronensaft, Salz, frisch gemahlener schwarzer Pfeffer, Cayennepfeffer, 1 Eßl. kaltgepreßtes Öl (Distel-, Sonnenblumen- oder Olivenöl).

Tomaten abziehen, Möhren und Salatgurke schälen, Paprikaschote putzen. Zwiebel und Knoblauchzehen abziehen. Alle Zutaten im Mixer oder mit dem Schneidestab des Handrührgerätes pürieren. Kräuter waschen, trockentupfen und fein zerkleinern. Gemüsepüree mit Kräutern und Brühe mischen. Suppe mit Zitronensaft, Salz, Pfeffer, einer kräftigen Prise Cayennepfeffer und Öl mischen.

Pro Portion 2 g pflanzliches Eiweiß, – tierisches Eiweiß, 3 g Fett, 12 g Kohlenhydrate; 100 Kalorien/419 Joule.

Blattsalat mit gebratenem Tofu

150 g Tofu, 2 Eßl. Sojasoße, 4 Eßl. Öl (Soja-, Maiskeim- oder Distelöl), 1 großer Kopf grüner Salat, 1 Handvoll frischer Spinat, 1 Bund Schnittlauch, 1 Eigelb, 1 Teel. scharfer Senf, 2 Eßl. milder Weißwein- oder Obstessig, Salz, frisch gemahlener weißer Pfeffer.

Abgetropften Tofu würfeln, mit Sojasoße beträufeln und zwei Stunden marinieren. In einem Eßlöffel Öl goldbraun braten. Salat putzen, waschen und in mundgerechte Stücke zupfen. Spinat verlesen, waschen und trockenschwenken. Gewaschenen Schnittlauch in feine Röllchen schneiden. Für die Salatsoße Eigelb mit Senf, Essig, Salz und Pfeffer verrühren. Restliches Öl untermischen. Salat, Spinat und Schnittlauch mit der Salatsoße mischen, auf Tellern verteilen und mit den Tofuwürfeln belegen.

Pro Portion 6 g pflanzliches Eiweiß, 1 g tierisches Eiweiß, 15 g Fett, 5 g Kohlenhydrate; 100 Kalorien/419 Joule.

Waffeln mit Zwiebeln

1 Bund Lauchzwiebeln, 1 Bund Petersilie, 200 g Weizenschrot, 1/4 l Milch, 1 Becher saure Sahne (100 g), 2 Eier, Salz, 200 g geriebener alter Goudakäse, 2 Teel. getrockneter Thymian, frisch gemahlener schwarzer Pfeffer, Muskat.

Lauchzwiebeln putzen, waschen und mit etwa zwei Drittel der grünen Blätter in ganz feine Ringe schneiden. Petersilie waschen, trockentupfen und hacken. Schrot mit Milch und saurer Sahne glattrühren. Eier und alle anderen Zutaten daruntermischen. Teig 30 Minuten ruhenlassen, damit der Schrot quellen kann. Der Teig soll jetzt zähflüssig sein: Konturen, die man mit einem Kochlöffel zieht, verfließen langsam. Bei Bedarf noch etwas Schrot bzw. Milch zugeben. Ein Waffeleisen erhitzen, jeweils eineinhalb Eßlöffel Teig hineingeben und jede Waffel drei bis vier Minuten backen.

Pro Portion 7 g pflanzliches Eiweiß, 19 g tierisches Eiweiß, 23 g Fett, 37 g Kohlenhydrate; 485 Kalorien/2030 Joule.

Käseplatte mit Weintrauben und Oliven

6 Weinblätter (in Salzlake eingelegt; ersatzweise Eichblattsalat), 4 verschiedene Käsesorten (z. B. Brie, Frischkäse, Blauschimmelkäse und Hartkäse; etwa 400 g), 500 g grüne oder blaue Weintrauben, 50 g schwarze Oliven, frisch gemahlener schwarzer oder weißer Pfeffer, 4 Scheiben Vollkornbrot.

Weinblätter kalt abspülen, abtropfen lassen und mit Küchenpapier ganz trockentupfen. Eine Platte mit fünf Weinblättern auslegen. Käsesorten darauf anrichten, Frischkäse in das sechste Weinblatt einhüllen und dazulegen. Weintrauben waschen und trockentupfen. Oliven abtropfen lassen. Trauben und Oliven auf der Käseplatte anrichten. Pfeffer in der Mühle bereitstellen. Vollkornbrot zum Käse servieren.

Pro Portion 5 g pflanzliches Eiweiß, 21 g tierisches Eiweiß, 35 g Fett, 43 g Kohlenhydrate; 610 Kalorien/2553 Joule.

7. Menü

Raffiniert und trotzdem preiswert

1.
Sauerkrautsalat mit Obst und Nüssen

2.
Möhrensuppe mit Reis und Dill

3.
Geschmortes Mischgemüse
Kartoffelgemüse mit Brokkoli

4.
Avocadocreme

Für 4 Personen

Festlich, anspruchsvoll und trotzdem ganz einfach zu kochen – dieses Menü eignet sich ideal für ungeübte Köchinnen und Köche, die Familie oder Gäste mit feinen vegetarischen Gerichten verwöhnen wollen. Bei den Zutaten sollten Sie wählerisch sein, denn die Qualität von Gemüse, Kartoffeln, Kräutern und Obst entscheidet, ob Ihr Essen richtig gut wird. Für mehr als vier Personen können Sie als Zwischengang nach dem Sauerkrautsalat »Eingelegte Pilze« (Rezept Seite 105), eventuell ergänzt durch »Vollkornbrötchen mit Tomatenpüree« (Rezept Seite 155), und/oder als Abschluß eine gemischte Käseplatte servieren.

Tips für den Einkauf

Im Supermarkt gibt es: Crème fraîche, Honig, fast alle Gewürze;
im Grünen Laden oder Reformhaus: frisches Sauerkraut, Apfelessig, (kaltgepreßtes) Öl in verschiedenen Sorten, Hasel- oder Walnußkerne, Naturreis, Instant-Gemüsebrühe, Kreuzkümmel, Pistazien;
beim Gemüsehändler: Orange, frische Ananas, rote Zwiebel, alle Kräuter, unbehandelte Zitrone, Möhren, Brokkoli, Zucchini, Fenchel, Chicorée, Porree, Kartoffeln, Avocados.

Vorbereitung

- Am Vorabend oder morgens: Avocadocreme zubereiten und ins Gefriergerät stellen;
- eineinhalb Stunden vor dem Essen: Reis aufsetzen; parallel dazu Salat zubereiten und zugedeckt ziehen lassen (Gesamtdauer etwa 30 Minuten);
- etwa eine Stunde vor dem Essen: Mischgemüse vorbereiten, mit Butter und Brühe in einen Topf füllen; Kartoffelscheiben, Brokkolistiele und Brühe in einen zweiten Topf geben; gegarten Reis zugedeckt beiseite stellen; Zutaten für die Suppe vorbereiten; eventuell Avocadocreme aus dem Gefriergerät nehmen;
- nach der Vorspeise: Kartoffeln aufsetzen; Suppe mit Reis und Möhren aufkochen; Mischgemüse aufsetzen (Gesamtdauer etwa zehn Minuten);
- nach dem Hauptgericht: eventuell Avocadocreme zubereiten (Gesamtdauer etwa fünf Minuten).

Möhrensuppe mit Reis und Dill (Rezept S. 97)

Süß-saure Linsensuppe (Rezept S. 168)

Hirsesalat mit rohem Gemüse (Rezept S. 176)

Paksoi-Salat (Rezept S. 55)

Gemischte Rohkost (Rezept S. 55)

Zucchini mit Melone (Rezept S. 49)

Risotto mit Wildreis und Zucchini (Rezept S. 29)

Gemüsekuchen (Rezept S. 45)

Frischkäse mit Kräutern (Rezept S. 50)

Tofufrikadellen mit Spinat und Tomaten (Rezept S. 150)

Haferklöße mit Auberginen und Tomatensoße (Rezept S. 112)

Überbackene Eierkuchen (Rezept S. 83)

Bunte Gemüseterrine (Rezept S. 116)

Kaiserschmarren mit Nüssen und Rum-Korinthen (Rezept S. 25)

Orangencreme (Rezept S. 144)

Sauerkrautsalat mit Obst und Nüssen

1 mittelgroße Orange (etwa 150 g), 1 Scheibe frische Ananas (etwa 150 g), 1 kleine rote Zwiebel, 250 g frisches Sauerkraut, 2 Eßl. Apfelessig, 1 Prise Zucker, 2 Eßl. kaltgepreßtes Öl (Maiskeim- oder Sonnenblumenöl), 1 Eßl. gehackte Petersilie, 50 g gehackte Hasel- oder Walnußkerne.

Orange schälen, filieren und in Stücke schneiden. Die Schale der Ananas abschneiden, Ananas mit dem härteren »Kern« in der Mitte zerkleinern. Saft von beiden Früchten beim Zerkleinern auffangen. Abgezogene Zwiebel hacken. Sauerkraut mit zwei Gabeln zerpflücken. Alle diese Zutaten mit dem Orangen- und Ananassaft, Essig, Zucker, Öl und Petersilie mischen. Salat auf Tellern anrichten und mit den Nüssen bestreuen.

Pro Portion 3 g pflanzliches Eiweiß, – tierisches Eiweiß, 14 g Fett, 14 g Kohlenhydrate; 200 Kalorien/837 Joule.

Möhrensuppe mit Reis und Dill

75 g Naturlangkornreis, Salz, 1 l Gemüsebrühe, 1 Zitrone, 300 g Möhren, 1 Bund Dill, frisch gemahlener schwarzer Pfeffer.

Reis mit etwas Salz und 150 Kubikzentimeter Wasser aufkochen und zugedeckt bei kleiner Hitze in 30 bis 45 Minuten weich garen. Gemüsebrühe mit einem Stück fein zerkleinerter Zitronenschale und dem Zitronensaft aufkochen. Möhren putzen, schaben und auf der Gemüsereibe in dünne Stifte teilen. Dill waschen, trockentupfen und fein hacken. Möhren in der Suppe nur aufkochen. Reis und Dill untermischen, Suppe mit Pfeffer abschmecken und servieren.

Pro Portion 3 g pflanzliches Eiweiß, – tierisches Eiweiß, – Fett, 20 g Kohlenhydrate; 105 Kalorien/440 Joule. (Foto siehe Bildteil)

TIP: Damit der Reis körnig weich bleibt, sollten Sie ihn nicht mit den Möhren, sondern – wie im Rezept – getrennt in Wasser garen und erst unmittelbar vor dem Servieren mit der Suppe mischen.

Geschmortes Mischgemüse

4 Stauden Brokkoli, 4 kleine schlanke Zucchini, 2 kleine Fenchelknollen, 2 mittelgroße Chicoréestauden, 4 dünne Porreestangen (insgesamt etwa 1 kg geputztes Gemüse), 1/8 l Gemüsebrühe, 50 g Butter, Salz, frisch gemahlener schwarzer Pfeffer, 1 Bund Schnittlauch.

Gemüse waschen und zerkleinern: Brokkoliröschen abschneiden. Stiele in etwa vier Zentimeter lange Stücke schneiden und für das Kartoffelgemüse (Rezept s. u.) beiseite legen. Zucchini und Fenchel längs vierteln, Fenchelgrün abschneiden und beiseite legen. Chicorée längs halbieren, bitteren Strunk herausschneiden. Die Gemüse und die ganzen Porreestangen möglichst nebeneinander in einen weiten Topf legen. Brühe zugießen, Butterflöckchen darauflegen. Mit Salz und Pfeffer würzen. Gemüse einmal aufkochen und zugedeckt bei kleiner Hitze zehn Minuten garen. Gewaschenen Schnittlauch und Fenchelgrün fein zerkleinern und darüberstreuen.

Pro Portion 5 g pflanzliches Eiweiß, – tierisches Eiweiß, 10 g Fett, 14 g Kohlenhydrate; 185 Kalorien/774 Joule.

Kartoffelgemüse mit Brokkoli

1 kg Kartoffeln (mehlige Sorte), Brokkolistiele vom geschmorten Mischgemüse (Rezept s. o.), 1/2 l Gemüsebrühe, 1 Becher Crème fraîche (200 g), frisch gemahlener schwarzer Pfeffer, Muskat, 1/2 Teel. gemahlener Kreuzkümmel (Kumin), 1/2 Bund Petersilie.

Kartoffeln schälen, waschen und in Scheiben von etwa einem halbem Zentimeter Dicke schneiden. Mit den Brokkolistielen und der Gemüsebrühe einmal aufkochen und zugedeckt in etwa 20 Minuten weich kochen. Crème fraîche und Gewürze untermischen und noch einmal erhitzen. Gewaschene Petersilie fein hacken und darüberstreuen.

Ergänzung mit *Fisch:* Vom Kartoffelgemüse nur die halbe Menge kochen. Pro Person etwa 200 Gramm Goldbarschfilet in Zitronenbutter zubereiten: 40 Gramm Butter zerlassen und leicht bräunen. Saft und gehackte Schale von einer Zitrone zugeben. Filets darin bei kleiner Hitze auf jeder Seite etwa drei Minuten garen.

Pro Portion 7 g pflanzliches Eiweiß, 1 g tierisches Eiweiß, 15 g Fett, 51 g Kohlenhydrate; 395 Kalorien/1653 Joule.

Avocadocreme

2 reife Avocados (etwa 500 g), 1 Zitrone, 1 Becher Schlagsahne (200 g), 2–3 Eßl. Honig, 1 Eßl. ungesalzene, gehackte Pistazien (ersatzweise Walnuß- oder Haselnußkerne).

Avocados halbieren, Kerne herauslösen. Avocados schälen und mit Zitronensaft und Sahne im Mixer oder mit dem Schneidestab des Handrührgerätes pürieren. Honig untermischen. Creme auf Gläser verteilen und mit den Pistazien bestreut servieren.

Pro Portion 4 g pflanzliches Eiweiß, 1 g tierisches Eiweiß, 48 g Fett, 20 g Kohlenhydrate; 530 Kalorien/2219 Joule.

TIP: Das Dessert läßt sich auch schon vor dem Essen zubereiten: Die Creme in das Gefriergerät stellen und in etwa drei Stunden fest werden lassen, dabei immer wieder durchrühren, damit sie schön geschmeidig bleibt. Vor dem Servieren mindestens 15 Minuten bei Zimmertemperatur stehenlassen, in Gläser füllen und mit den Pistazien bestreuen.

Menüs zum Vorbereiten

In aller Ruhe kochen – das schätzen vor allem Berufstätige, die gern Freunde zum Essen einladen. Alle Menüs in diesem Kapitel sind darauf abgestimmt: Die Zubereitung der verschiedenen Gerichte – ob einfach oder anspruchsvoll – können Sie gut aufteilen. Sie brauchen also nicht »am Stück« zu kochen, sondern können die Arbeiten so erledigen, wie Sie am besten Zeit haben. Deshalb sollten Sie alles, was zur Vorbereitung gesagt wird, genau durchlesen und – je nach Kocherfahrung – gegebenenfalls etwas mehr Zeit einplanen.

1. Menü

Gelingt ganz leicht

1.
Eingelegte Pilze
Zucchinisalat

2.
Zwiebelkuchen

3.
Joghurtparfait mit heißen Beeren

Für 6 Personen

Ein kräftiges, ballaststoffreiches Hauptgericht, kombiniert mit einer feinen, würzigen Vorspeise und einem leichten, erfrischenden Dessert. Das Menü läßt sich fast komplett vorbereiten, so daß Sie zur Fertigstellung aller vier Gerichte nur etwa 45 Minuten brauchen.

Tips für den Einkauf

Im Supermarkt gibt es: Weißweinessig, Lorbeerblatt, Crème fraîche, Tomaten in der Dose, Emmentaler Käse, Joghurt, Portwein, Tiefkühl-Beeren, Honig, Gewürze;
im Grünen Laden oder *Reformhaus:* Zuckerrohrgranulat, getrockneten Estragon, (kaltgepreßtes) Öl in verschiedenen Sorten, Kürbiskerne, Weizenvollkornmehl, Eier, getrockneten Thymian, Naturvanille;
beim Gemüsehändler: kleine Champignons, Pfefferschoten, unbehandelte Zitrone, alle Kräuter, kleine Zucchini, Zwiebeln, frische Beeren.

Vorbereitung

- Mindestens zwei Wochen vorher: Pilze zubereiten;
- am Vortag oder morgens: Parfait sowie Teig und Belag für Zwiebelkuchen zubereiten; Blech mit dem Teig auslegen;
- etwa 45 Minuten vor dem Essen: Tiefkühl-Beeren auftauen lassen, Teigboden vorbacken, belegen und zum Fertigbacken in den Ofen schieben; Salat zubereiten, frische Beeren vorbereiten, Parfait in den Kühlschrank stellen;
- nach dem Hauptgericht: Dessert fertigstellen (Gesamtdauer etwa 5 Minuten).

Eingelegte Pilze

750 g kleine feste Champignons, 2 kleine Zwiebeln,
1–2 frische rote Pfefferschoten, Salz, 1/4 l Weißweinessig,
30 g Zuckerrohrgranulat, 1 Lorbeerblatt, 1 Teel. getrockneter Estragon,
1 Knoblauchzehe, 1 Stück Zitronenschale, 1 Bund Dill.

Pilze putzen und kurz waschen. Abgezogene Zwiebeln in Scheiben schneiden. Pfefferschoten halbieren, Kerne entfernen. Pilze in reichlich Salzwasser fünf Minuten sprudelnd kochen, abgießen und abtropfen lassen. Essig mit einem Achtelliter Wasser, Zuckerrohrgranulat, Lorbeerblatt und Estragon aufkochen. Pilze, Zwiebeln, Pfefferschoten, abgezogenen Knoblauch und Zitronenschale darin zehn Minuten bei kleiner Hitze kochen lassen. Abgekühlt mit dem gewaschenen Dill in ein gut schließendes Gefäß füllen. Fest verschlossen mindestens zwei Wochen im Kühlschrank ziehen lassen.

Pro Portion 3 g pflanzliches Eiweiß, – tierisches Eiweiß, – Fett,
10 g Kohlenhydrate; 75 Kalorien/314 Joule.

Zucchinisalat

500 g kleine, schlanke Zucchini, 1 Bund Schnittlauch,
1/2 Becher Crème fraîche (100 g), 2 Eßl. Sahne, Salz,
1 Teel. kaltgepreßtes Öl (Oliven-, Sonnenblumen- oder Nußöl),
frisch gemahlener schwarzer Pfeffer, 1 Eßl. Kürbiskerne (ersatzweise gehackte Walnuß- oder Haselnußkerne), eingelegte Pilze (Rezept s. o.).

Zucchini waschen, putzen und auf der Rohkostreibe grob raspeln. Gewaschenen Schnittlauch in feine Röllchen schneiden. Crème fraîche mit Sahne, Salz und Öl verrühren. Zucchini und Schnittlauch mit der Salatsoße mischen und auf Tellern verteilen. Mit Pfeffer würzen und mit den Kürbiskernen bestreuen. Eingelegte Pilze daneben anrichten.

Pro Portion 2 g pflanzliches Eiweiß, 1 g tierisches Eiweiß, 9 g Fett,
6 g Kohlenhydrate; 120 Kalorien/502 Joule.

Zwiebelkuchen

250 g Weizenvollkornmehl, 100 g Butter, 1 Ei, Salz, Mehl für die Arbeitsfläche, Fett für das Blech, 2 Knoblauchzehen, 1 große Dose Tomaten, 1 Teel. getrockneter Thymian, frisch gemahlener schwarzer Pfeffer, 1 Prise Zucker, 750 g Zwiebeln, 2 Eßl. Öl (Distel- oder Olivenöl), 1 Bund Petersilie, 3 Eßl. Schlagsahne, Cayennepfeffer, 1/2 Teel. gemahlener Kümmel, 100 g frisch geriebener Emmentaler Käse.

Für den Teig Mehl, drei Eßlöffel kaltes Wasser, weiche Butter, Ei und eine kräftige Prise Salz mit dem Knethaken des Handrührgerätes kurz vermischen. Auf der bemehlten Arbeitsfläche mit den Händen schnell zu einem glatten, geschmeidigen Mürbeteig formen (siehe Kasten Seite 108). Gefettetes Backblech damit auslegen. Teigboden mit einer Gabel einige Male einstechen und mit einem Küchentuch bedeckt mindestens zwei Stunden kühlen. Für den Belag Knoblauch abziehen und durch die Presse drücken oder sehr fein hacken. Tomaten noch in der Dose mit einem Messer grob zerschneiden, mit der Flüssigkeit in einen Topf geben und mit Knoblauch und Thymian bei starker bis mittlerer Hitze zu einem dicken Mus einkochen. Mit Salz, Pfeffer und Zucker würzen. Erkalten lassen. Abgezogene Zwiebeln in dicke Ringe schneiden. Öl heiß werden lassen. Zwiebeln darin unter häufigem Wenden bei kleiner bis mittlerer Hitze glasig braten. Petersilie waschen, trockentupfen und grob hacken. Mit Sahne, Salz, Cayennepfeffer und Kümmel unter die Zwiebeln mischen. Blech in den kalten Backofen schieben, auf 200 Grad/Gas Stufe 3 schalten und Teigboden 20 Minuten vorbacken. Tomatensoße daraufstreichen. Zwiebeln darüber verteilen, mit Käse bestreuen, 30 bis 40 Minuten backen.

Pro Portion 9 g pflanzliches Eiweiß, 6 g tierisches Eiweiß, 29 g Fett, 43 g Kohlenhydrate; 515 Kalorien/2156 Joule.

TIP: Mürbeteig aus Vollkornmehl wird am besten in der Form gekühlt. Der gekühlte Teigkloß ist nämlich so hart, daß er erst wieder etwa eine Stunde bei Zimmertemperatur liegen müßte, bevor man Kuchenform oder Backblech damit auslegen kann.

Joghurtparfait mit heißen Beeren

2 Eier, 25 g Zuckerrohrgranulat, 1 Teel. gemahlene Naturvanille, 1 Becher Joghurt (3,5 %, 150 g), 1 Eßl. Portwein (ersatzweise Orangensaft), 1 Becher Schlagsahne (250 g), 400 g gemischte frische Beeren wie Himbeeren, Brombeeren und Heidelbeeren (ersatzweise 1 Paket gemischte Tiefkühl-Beeren von 300 g), 1 Teel. Honig.

Eigelb mit Zuckerrohrgranulat und Vanille zu einer dicken, schaumigen Creme aufschlagen. Joghurt und Portwein untermischen. Sahne und Eiweiß getrennt steif schlagen und mit einem Schneebesen vorsichtig unterziehen. Parfait zugedeckt im Gefriergerät in etwa vier Stunden fest werden lassen, dabei etwa jede Stunde kräftig durchrühren, damit sich keine Eiskristalle bilden. Frische Beeren vorbereiten, tiefgekühlte auftauen lassen. Die Hälfte davon mit Honig in einen Topf geben und bei kleiner Hitze heiß werden lassen, aber nicht aufkochen. Das Parfait portionieren, heiße Beeren darübergeben. Mit den rohen Beeren bestreuen.

Pro Portion 1 g pflanzliches Eiweiß, 4 g tierisches Eiweiß, 17 g Fett, 13 g Kohlenhydrate; 230 Kalorien/963 Joule.

Teige aus Vollkornmehl

Ebensogut wie mit weißem Auszugsmehl können Sie jeden Teig auch mit (selbstgemahlenem) Vollkornmehl aus Weizen, Dinkel oder Roggen zubereiten. Hafer, Gerste, Hirse, Grünkern, Mais und Reis enthalten wenig oder gar kein Klebereiweiß, so daß sich diese Getreidesorten allein nur für flaches Gebäck aus festem Teig – etwa Fladenbrot – eignen. Für hohes Gebäck aus Rührteig, Biskuit und Hefeteig sowie für flüssigen Eierkuchenteig und weichen Nudelteig mischen Sie ein Teil dieser Getreidesorten mit zwei Teilen Weizenvollkornmehl. Teige aus Vollkornmehlen brauchen mehr Flüssigkeit als »weiße« Teige. Die genaue Menge läßt sich nicht angeben; sie hängt vom Kleieanteil des Mehles ab – je kleiehaltiger, desto mehr Flüssigkeit müssen Sie untermischen. Die richtige Beschaffenheit des Teiges erkennen Sie so: Rührteig fällt in langen Zapfen vom Quirl, Biskuitteig ist dickflüssig wie etwa halbsteif geschlagene Sahne, Hefeteig bleibt vor der Ruhezeit bei Berührung noch am Finger kleben; erst nach dem »Gehen« kann man ihn mit der Hand durchkneten. Mürbeteig und Nudelteig sollen so geschmeidig sein, daß man sie gut kneten und zu einem Kloß formen kann. Wenn der Teigkloß nicht richtig zusammenhält oder sich leicht auseinanderbrechen läßt und an der Bruchstelle bröckelt, ist er zu trocken. Kneten Sie dann tropfenweise kaltes Wasser darunter.

Vollkornteige lassen sich ebenso leicht verarbeiten – also ausrollen oder formen – wie Teige aus weißem Mehl. Einzige Ausnahme ist Vollkornstrudelteig: Man kann ihn zwar ziemlich dünn ausrollen, ohne daß er dabei reißt, aber nicht hauchdünn ausziehen.

2. Menü

Kräftige Sommerküche

1.
Schafkäse mit schwarzen Bohnen

2.
Gemüsesuppe

3.
Haferklöße mit Auberginen und Tomatensoße

4.
Rote Grütze

Für 8 Personen

Auf wirklich gute Zutaten und auf die richtige Würze kommt es an bei diesem Menü, das »fortgeschrittene« Vollwertköstler besonders gern mögen.

Tips für den Einkauf

Im Supermarkt oder Feinkostgeschäft gibt es: Senf, Obst- und Balsamessig, Schafkäse, trockenen Sherry, Tiefkühl-Kräuter, passierte Tomaten, alle Gewürze;
im Grünen Laden oder Reformhaus: schwarze Bohnen, Instant-Gemüsebrühe, (kaltgepreßtes) Öl in verschiedenen Sorten, getrockneten Oregano und Thymian, Haferkörner und -flocken, Weizenvollkornmehl und -grieß, Eier, ungesüßten Traubensaft, Agar-Agar, Zuckerrohrgranulat;
beim Gemüsehändler: Tomaten, Porree, Wirsing, Auberginen, alle Kräuter, Beeren, unbehandelte Zitrone.

Vorbereitung

- Am Morgen des Vortages: Bohnen einweichen;
- am Vorabend oder morgens: Bohnen, Hafer garen; Gemüsebrühe, rote Grütze, Käsefüllung zubereiten;
- eineinhalb Stunden vor dem Essen: Teig für Klöße zubereiten, Tomaten füllen und anrichten, Tomatensoße zubereiten und warm halten; Auberginen braten und warm halten, Brühe und Wasser für die Klöße aufsetzen, Gemüse vorbereiten;
- nach der Vorspeise: Suppe zubereiten, Klöße aufsetzen.

Schafkäse mit schwarzen Bohnen

100 g schwarze Bohnen (ersatzweise andere getrocknete Bohnenkerne), $^1/_2$ Würfel Gemüsebrühe, 1 Teel. scharfer Senf, 1 Eßl. milder Obstessig, 1 Teel. Balsamessig, frisch gemahlener schwarzer Pfeffer, 2 Eßl. (kaltgepreßtes) Olivenöl, $^1/_2$ Eßl. Schlagsahne, 1 Zwiebel, 1 Knoblauchzehe, 125 g griechischer Schafkäse, 1–2 Teel. getrockneter Oregano, 8 feste Tomaten (800 g).

Bohnen in 380 Kubikzentimeter Wasser acht Stunden einweichen. Mit dem Einweichwasser aufkochen, Gemüsebrühe zugeben und zugedeckt bei kleiner Hitze 90 Minuten garen. Für die Soße Senf mit den beiden Essigsorten verrühren. Für die Füllung abgezogene Zwiebel und Knoblauchzehe hacken. Käse in kleine Stücke schneiden. Mit Bohnen, Zwiebel, Knoblauch, Oregano und Soße mischen. Zugedeckt im Kühlschrank mindestens zwei Stunden durchziehen lassen. Tomaten waschen, abtrocknen und aushöhlen. Ausgehöhltes Fruchtfleisch hacken, unter die Füllung mischen und in die Tomaten geben.

Pro Portion 4 g pflanzliches Eiweiß, 3 g tierisches Eiweiß, 6 g Fett, 11 g Kohlenhydrate; 130 Kalorien/544 Joule.

Gemüsesuppe

300 g Porree, 250 g Wirsingblätter, $1^1/_2$ l selbstgemachte Gemüsebrühe (siehe Kasten Seite 69), 2 Eßl. trockener Sherry (eventuell weglassen), 1 Eßl. Zitronensaft, 1 Päckchen gemischte Tiefkühl-Kräuter, frisch gemahlener schwarzer Pfeffer.

Porree putzen, waschen und mit etwa zwei Drittel der grünen Blätter in sehr dünne Ringe schneiden. Wirsing waschen, trockenschwenken, von den dicken Blattrippen befreien und in feine Streifen schneiden. Brühe mit Sherry und Zitronensaft aufkochen. Gemüse zugeben und etwa eine Minute sprudelnd

TIP: Suppen mit selbstgekochter Gemüsebrühe sollten Sie mit Salz abschmecken; bei Instant-Brühe ist das nicht notwendig.

kochen lassen. Kräuter untermischen. Suppe auf Tellern verteilen, Pfeffer darübermahlen.

Pro Portion 2 g pflanzliches Eiweiß, – tierisches Eiweiß, – Fett, 3 g Kohlenhydrate; 30 Kalorien/126 Joule.

Haferklöße mit Auberginen und Tomatensoße

200 g Hafer, 2 Zwiebeln, 75 g Weizenvollkornmehl, 50 g Weizenvollkorngrieß, 50 g Haferflocken, 125 g Magerquark, 2 Eier, Salz, frisch gemahlener weißer Pfeffer, Muskat, 2 Packungen passierte Tomaten von je 500 g, 1 Knoblauchzehe, 1 Teel. getrockneter Thymian, 1 kg Auberginen, knapp $^1/_8$ l Öl, 1 Bund Schnittlauch.

Hafer mit 600 Kubikzentimeter Wasser garen und quellen lassen (siehe Kasten Seite 28). Abgekühlt mit der Hälfte der gehackten Zwiebeln, Mehl, Grieß, Haferflocken, Quark, Eiern, Salz, Pfeffer und Muskat mischen. Acht Klöße formen und in leicht kochendem Salzwasser 25 Minuten garen. Für die Soße Tomaten mit restlichen Zwiebeln, gehacktem Knoblauch und Thymian aufkochen und unter häufigem Rühren bei mittlerer Hitze zehn Minuten kochen, mit Salz abschmecken. Auberginen waschen, längs halbieren und quer in Scheiben schneiden. Portionsweise im heißen Öl von beiden Seiten hellbraun braten, auf Küchenpapier abtropfen lassen und warm halten. Klöße mit Auberginen und Soße auf Tellern anrichten. Mit Schnittlauchröllchen bestreuen.

Pro Portion 9 g pflanzliches Eiweiß, 4 g tierisches Eiweiß, 12 g Fett, 27 g Kohlenhydrate; 330 Kalorien/1381 Joule. (Foto siehe Bildteil).

Rote Grütze

800 g gemischte frische Beeren (z. B. Himbeeren, Brombeeren, Erdbeeren und rote Johannisbeeren) 250 g Kirschen, $^1/_4$ l ungesüßter roter Traubensaft, $^1/_2$ Teel. Agar-Agar, 50 g Zuckerrohrgranulat, 1 Stück Zitronenschale, 1 Becher Schlagsahne (200 g).

Beeren verlesen, waschen und trockentupfen. Gewaschene Kirschen entsteinen. Drei Eßlöffel Saft mit Agar-Agar verrühren. Restlichen Saft, Zuckerrohrgranulat und Zitronenschale zum Kochen bringen. Agar-Agar einrühren, Beeren und Kirschen zugeben, einmal aufkochen und drei Minuten bei kleiner Hitze kochen lassen. Zitronenschale herausnehmen. Rote Grütze auf Dessertschälchen verteilen und mindestens drei Stunden kühlen. Mit der gut gekühlten, flüssigen Sahne servieren.

Pro Portion 2 g pflanzliches Eiweiß, 1 g tierisches Eiweiß, 9 g Fett, 26 g Kohlenhydrate; 190 Kalorien/795 Joule.

TIP: Im Winter können Sie die frischen Beeren und Kirschen durch 3 Pakete gemischte Tiefkühl-Beeren von je 300 g ersetzen.

3. Menü

Mit vielen neuen Zutaten

1.
Bunte Gemüseterrine

2.
Gurkensalat mit Rettichsprossen

3.
Gerstenpilaw mit Aprikosen

4.
Blaubeersülzchen mit Joghurtsoße

Für 4 Personen

Ein raffiniertes Menü mit Zutaten, die typisch für die Vollwertkost sind. Es schmeckt allen, die kräftige Körnergerichte mögen und gern neue Geschmacksnuancen ausprobieren.
Für mehr als vier Personen können Sie als Abschluß Käse mit Obst und/oder Nüssen reichen.

Tips für den Einkauf

Im Supermarkt gibt es: Joghurt, Honig, ungesüßtes Kakaopulver, fast alle Gewürze;
im Grünen Laden oder Reformhaus: Tofu, Eier, Kreuzkümmel, Rettichsamen, (kaltgepreßtes) Öl in verschiedenen Sorten, ungeschwefelte getrocknete Aprikosen, Gerste, Instant-Gemüsebrühe, Pistazien, Agar-Agar, Zuckerrohrgranulat, Naturvanille;
beim Gemüsehändler: Brokkoli, Blumenkohl, Möhren, alle Kräuter, unbehandelte Zitrone, Salatgurke, Paprikaschoten, Ingwerwurzel, Pfefferschoten, Blaubeeren, Orangen.

Vorbereitung

- Drei Tage vorher: Sprossen keimen;
- am Vortag oder morgens: Terrine und Sülzchen zubereiten, Gerste vorgaren, Aprikosen einweichen;
- etwa 50 Minuten vor dem Essen: Dessert fertigstellen, Salat zubereiten, Terrine anrichten, Pilaw aufsetzen (ohne Aprikosen);
- nach der Terrine: Aprikosen unter Pilaw mischen und heiß halten.

Bunte Gemüseterrine

Je 250 g Brokkoli, Blumenkohl und Möhren, Salz, 125 g Tofu, 3 Eier, 75 g Schlagsahne, 1/2 Eßl. saure Sahne, 1 Teel. Zitronensaft. 1/4 Teel. Kreuzkümmel (ersatzweise gemahlener Kümmel), frisch gemahlener weißer Pfeffer, Muskat, Cayennepfeffer, Fett und Pergamentpapier für die Form, 1 Bund Schnittlauch, 1 kleine Zitrone.

Brokkoli und Blumenkohl putzen, in Röschen teilen und waschen. Brokkolistiele und zarte Teile des Blumenkohlstrunks schälen. Möhren ebenfalls schälen. Gemüse getrennt in wenig Salzwasser in etwa 15 Minuten weich dünsten und abtropfen lassen. Jedes Gemüse mit einem Drittel des Tofu pürieren, in Schüsseln geben und jeweils ein Eigelb daruntermischen. Eiweiß und Sahne getrennt steif schlagen. Unter das Brokkolipüree ein Drittel des Eischnees und die Hälfte der Sahne mischen. Das Blumenkohlpüree mit dem zweiten Drittel Eischnee und dem Rest der Sahne vermischen. Das Möhrenpüree mit saurer Sahne, Zitronensaft und dem restlichen Eischnee mischen. Möhren mit Salz, Kreuzkümmel und Pfeffer, Brokkoli und Blumenkohl ebenfalls mit Salz, Muskat und Cayennepfeffer abschmecken. Eine Kastenform von 21 Zentimeter Länge fetten, mit Pergamentpapier auslegen und dieses ebenfalls fetten. Die Gemüsepürees schichtweise in der Form glattstreichen. Form mit gefettetem Pergamentpapier abdecken und in die Fettpfanne des Backofens stellen. Fettpfanne mit heißem Wasser füllen. Ofen auf 200 Grad/Gas Stufe 3 schalten. Terrine zwei Stunden garen. Ein Holzstäbchen in die Mitte der Terrine stechen. Wenn nichts daran haften bleibt, ist sie gar. Herausnehmen, in der Form zehn Minuten stehenlassen, auf eine Platte stürzen und das Papier vorsichtig abziehen. Terrine warm oder kalt in acht Scheiben schneiden. Gewaschenen Schnittlauch und Zitronenscheiben auf Tellern verteilen. Terrine darauf anrichten und mit Pfeffer bestreuen.

Pro Portion 6 g pflanzliches Eiweiß, 6 g tierisches Eiweiß, 17 g Fett, 11 g Kohlenhydrate; 250 Kalorien/1047 Joule. (Foto siehe Bildteil)

Gurkensalat mit Rettichsprossen

2 Eßl. Rettichsamen, 1 Salatgurke (etwa 500 g), 1 Knoblauchzehe, 1 Becher saure Sahne (100 g), 1 Eßl. Zitronensaft, Salz, frisch gemahlener schwarzer Pfeffer, 1 Teel. Öl (Oliven- oder Nußöl), 4 kleine Dillzweige.

Rettichsamen drei Tage keimen lassen (siehe Kasten Seite 118). Salatgurke schälen, mit einem Sparschäler der Länge nach in dünne Streifen schneiden. Knoblauch abziehen und fein hacken. Saure Sahne mit Knoblauch, Zitronensaft, Salz, Pfeffer und Öl verrühren. Mit den Gurken und etwa der Hälfte der abgespülten Rettichsprossen mischen. Salat auf Tellern anrichten, mit den restlichen Sprossen bestreuen und mit den gewaschenen Dillzweigen garnieren.

Pro Portion 2 g pflanzliches Eiweiß, 1 g tierisches Eiweiß, 4 g Fett, 6 g Kohlenhydrate; 75 Kalorien/314 Joule.

Gerstenpilaw mit Aprikosen

15 getrocknete Aprikosen, 200 g Gerste, 2 rote Paprikaschoten (etwa 400 g), 1 Zwiebel, 1 Knoblauchzehe, 1 Stück frische Ingwerwurzel (etwa 3 cm lang), 1–2 frische rote Pfefferschoten, 5 Eßl. Öl (Maiskeim- oder Distelöl), $^1/_2$ Zitrone, $^1/_2$ Würfel Instant-Gemüsebrühe, 50 g grob gehackte Pistazien, 1 Eßl. Butter, 1 Eßl. frisch gehackte Petersilie.

Aprikosen in einem Viertelliter Wasser mindestens fünf Stunden einweichen. Gerste in einem dreiviertel Liter Wasser garen und quellen lassen (siehe Kasten Seite 28). Geputzte Paprikaschoten würfeln, abgezogene Zwiebel und Knoblauch hacken, geschälten Ingwer vierteln. Pfefferschoten halbieren, Kerne entfernen. Diese Zutaten im heißen Öl bei mittlerer Hitze anbraten. Gerste und Aprikosen – jeweils mit dem verbliebenen Wasser –, Zitronensaft, Gemüsebrühe und Pistazien zugeben und weitere 10 Minuten garen. Butter und Petersilie untermischen.

Pro Portion 11 g pflanzliches Eiweiß, – tierisches Eiweiß, 25 g Fett, 69 g Kohlenhydrate; 550 Kalorien/2302 Joule.

Sprossen selber ziehen

Frische Sprossen enthalten reichlich Vitamine und sind deshalb vor allem im Winter eine gute Ergänzung oder sogar Alternative zu Frischgemüse und -salat. Leicht keimen lassen sich Getreide – ausgenommen Grünkern, Reis und Hirse –, Buchweizen, Hülsenfrüchte, Alfalfa (Luzerne), Senf, Rettich, Bockshornklee, Sonnenblumen- und Kürbiskerne. Keimfähige Samen erhalten Sie in Grünen Läden oder Reformhäusern. Kaufen Sie bitte keinesfalls die in Tütchen abgepackten Samen, die es in Gärtnereien oder Gartencentern zu kaufen gibt; diese Samen sind zur Aussaat in die Erde bestimmt und meist chemisch behandelt.

Zum Keimen geben Sie die Samen in (Weck-) Gläser, die Sie oben mit Verbandmull und einem festsitzenden Gummiband verschließen. Gläser mit warmem Wasser füllen und die Samen etwa sechs Stunden quellen lassen. Dabei nehmen sie so viel Flüssigkeit auf, daß der Keimprozeß beginnt. Die Gläser im Spülbecken umstülpen und umgekehrt leicht geneigt stehenlassen, bis das Wasser ganz abgelaufen ist. Anschließend aufrecht an einen warmen, hellen Platz (nur Mungobohnen sollten dunkler keimen) stellen und bis zu fünf Tagen keimen lassen. Jeden Tag mit warmem Wasser übergießen, etwa zehn Minuten stehenlassen und wie oben beschrieben ganz abgießen. Die Samen dürfen weder zu trocken noch zu feucht sein, damit sie gut keimen und nicht schimmeln. Verschimmelte Sprossen riechen muffig und müssen weggeworfen werden. Buchweizen, Kresse und Senf sondern Schleimstoffe ab und kleben leicht zusammen. Man keimt sie deshalb besser nicht in Gläsern, sondern ausgebreitet auf nassem Küchenpapier. Obwohl frische Sprossen sehr gesund sind, können vor allem gekeimtes Getreide und Hülsenfrüchte bei manchen Menschen Verdauungsbeschwerden verursachen. In diesem Fall entweder ganz auf Sprossen verzichten oder nur zarte Sprossen wie Kresse, Rettich und Alfalfa in kleinen Mengen essen.

Blaubeersülzchen mit Joghurtsoße

250 g Blaubeeren, 2 Teel. Agar-Agar, 1/8 l frisch gepreßter Orangensaft, 25 g Zuckerrohrgranulat, 1 Becher Schlagsahne (200 g), 1 Teel. gemahlene Naturvanille, 2 Becher Joghurt (3,5 %) zu je 125 g, 1–2 Eßl. Honig, 1 Teel. ungesüßtes Kakaopulver.

Beeren verlesen und waschen. Agar-Agar mit einem Eßlöffel kaltem Wasser glattrühren. Beeren, Agar-Agar, Orangensaft (zwei Eßlöffel für die Soße zurückbehalten) und Zuckerrohrgranulat einmal aufkochen und zugedeckt bei kleiner Hitze drei Minuten dünsten. Beeren pürieren. Püree erkalten lassen, bis es halbfest ist. Steif geschlagene Sahne und Vanille untermischen. Püree in kalt ausgespülte Portionsschälchen füllen und zugedeckt im Kühlschrank in etwa drei Stunden fest werden lassen. Für die Soße Joghurt mit restlichem Orangensaft und Honig schaumig schlagen und Dessertteller damit ausgießen. Förmchen kurz in heißes Wasser tauchen, Sülzchen auf die Soße gleiten lassen. Kakaopulver rundherum auf die Soße stäuben.

Pro Portion 2 g pflanzliches Eiweiß, 3 g tierisches Eiweiß, 18 g Fett, 33 g Kohlenhydrate; 320 Kalorien/1280 Joule.

4. Menü

Preiswert und ganz einfach

1.
Marinierte weiße Bohnen
Knoblauchbrötchen

2.
Rettichsalat mit Nüssen

3.
Nudelauflauf mit Käse und Kräutern

4.
Beerenquark

Für 6 Personen

Ein sättigendes Menü mit ballaststoff- und vitaminreichen Gerichten. Es ist leicht zu kochen, selbst wenn man mit Vollwertkost noch keine Erfahrungen hat. Es schmeckt allen, die kräftige Hausmannskost mögen. Die Zutaten können Sie je nach Jahreszeit austauschen: Im Herbst und Winter nehmen Sie für den Auflauf Pilze und Porree, fürs Dessert Tiefkühl-Beeren.

Tips für den Einkauf

Im Supermarkt gibt es: weiße Bohnen, Lorbeerblatt, Gewürznelken, Weißweinessig, Crème fraîche, Emmentaler Käse, Honig, Tiefkühl-Beeren, alle Gewürze;
im Grünen Laden oder Reformhaus: Instant-Gemüsebrühe, (kaltgepreßtes) Öl in verschiedenen Sorten, Vollkornbrötchen, Nußkerne, Vollkornnudeln, Eier, getrockneten Thymian;
beim Gemüsehändler: Paprikaschote, Lauchzwiebeln, unbehandelte Zitrone, alle Kräuter, weiße Rettiche, Tomaten, schwarze Johannisbeeren.

Vorbereitung

- Am Morgen des Vortages: Bohnen einweichen;
- am Vorabend oder morgens: Bohnen garen und ohne Paprikaschoten und Lauchzwiebeln marinieren; Knoblauchbutter zubereiten;
- eineinhalb Stunden vor dem Essen: Bohnen mit Paprikaschoten und Lauchzwiebeln fertigstellen und anrichten, Nudeln garen, Beerenquark zubereiten und zugedeckt kühlen (Gesamtdauer etwa 45 Minuten);
- etwa 45 Minuten vor dem Essen: Auflauf zubereiten und in die Form füllen; Brötchen mit Knoblauchbutter bestreichen, Backofen vorheizen, Salat zubereiten und auf Tellern als Zwischengang anrichten;
- unmittelbar vor dem Essen: Knoblauchbrötchen backen, danach Auflauf einschieben;
- nach dem Hauptgericht: Dessert mit Beeren garnieren und anrichten.

Marinierte weiße Bohnen

150 g weiße Bohnen, 350 ccm Gemüsebrühe, 1 Lorbeerblatt, 2 Gewürznelken, 1 kleine rote Paprikaschote (150 g), 2 Bund Lauchzwiebeln, 1/2 Zitrone, 2 Eßl. Weißweinessig, Salz, frisch gemahlener weißer Pfeffer, 6 Eßl. kaltgepreßtes Öl (Oliven-, Sonnenblumen- oder Distelöl), 1 Bund Petersilie.

Bohnen mindestens acht Stunden in der Brühe einweichen. Mit Lorbeerblatt und Nelken zugedeckt bei kleiner Hitze in etwa zwei Stunden weich garen. Die Paprikaschote putzen, vierteln und in Streifen schneiden. Geputzte, gewaschene Lauchzwiebeln mit etwa zwei Drittel der grünen Blätter in feine Ringe schneiden. Zitrone dünn abschälen, Schale fein hacken. Bohnen mit Paprikaschote, Zwiebeln, Zitronenschale und -saft, Essig, Salz, Pfeffer und Öl mischen und lauwarm abkühlen oder ganz erkalten lassen und mit gehackter Petersilie bestreuen. Knoblauchbrötchen (Rezept s. u.) zu den Bohnen servieren.

Pro Portion 7 g pflanzliches Eiweiß, – tierisches Eiweiß, 13 g Fett, 18 g Kohlenhydrate; 225 Kalorien/942 Joule.

Knoblauchbrötchen

1 Bund Petersilie, 4 Knoblauchzehen, 1 Eßl. Zitronensaft, Salz, Cayennepfeffer, 75 g Butter, 3 Vollkornbrötchen (à etwa 40 g).

Petersilie waschen, trockenschwenken und fein hacken. Knoblauch abziehen und ebenfalls sehr fein zerkleinern oder durch die Knoblauchpresse drücken. Beide Zutaten mit Zitronensaft, Salz, einer kräftigen Prise Cayennepfeffer und der weichen Butter verkneten. Brötchen halbieren und jede Hälfte mit Knoblauchbutter bestreichen. Auf ein Backblech legen und im ausnahmsweise vorgeheizten Backofen bei 220 Grad/Gas Stufe 4

TIP: Unter dem Elektrogrill brauchen die Knoblauchbrötchen nur etwa drei Minuten.

zehn Minuten rösten, bis die Brötchen knusprig sind. Brötchen heiß zu den marinierten Bohnen (Rezept Seite 122) servieren.

Pro Portion 2 g pflanzliches Eiweiß, – tierisches Eiweiß, 11 g Fett, 9 g Kohlenhydrate; 140 Kalorien/586 Joule.

Rettichsalat mit Nüssen

2 weiße Rettiche mit Blättern (etwa 600 g), 2 Bund Schnittlauch, 1/2 Becher Schlagsahne (100 g), 1 Eßl. Crème fraîche, 1 Eßl. Zitronensaft, Salz, frisch gemahlener schwarzer Pfeffer, 1 Teel. kaltgepreßtes Öl (Walnuß-, Sonnenblumen- oder Maiskeimöl), 50 g grob gehackte Walnußkerne (ersatzweise Haselnußkerne oder Pistazien).

Die zarten Rettichblättchen abschneiden, waschen, trockentupfen und etwas zerkleinern. Rettiche schälen und auf der Rohkostreibe grob raspeln. Den gewaschenen, trockengetupften Schnittlauch in feine Röllchen schneiden. Rettich, Schnittlauch, Schlagsahne, Crème fraîche, Zitronensaft, Salz, Pfeffer und Öl vermischen. Rettichblättchen und Walnüsse über den Salat streuen.

Pro Portion 2 g pflanzliches Eiweiß, – tierisches Eiweiß, 12 g Fett, 6 g Kohlenhydrate; 150 Kalorien/628 Joule.

Nudelauflauf mit Käse und Kräutern

250 g breite Vollkornnudeln, Salz, 40 g Butter, 300 g Tomaten, 1 Knoblauchzehe, 1 Bund Petersilie, 1 Handvoll Salbeiblättchen (ersatzweise 1 Teel. getrockneter Thymian), 3 Eier, 1/2 Becher Schlagsahne (100 g), Cayennepfeffer, Muskat, 150 g frisch geriebener Emmentaler Käse, Butter für die Form.

Nudeln in Salzwasser bißfest kochen, kalt abschrecken, abtropfen lassen und mit Butter mischen. Tomaten abziehen und klein würfeln. Abgezogenen Knoblauch fein hacken. Kräuter waschen, trockentupfen und fein zerkleinern. Tomaten, Knoblauch, Kräuter, Eigelb und Sahne unter die Nudeln mischen, mit Cayennepfeffer und Muskat abschmecken. Eiweiß sehr steif schlagen und daraufgeben. Käse darüberstreuen und alles vorsichtig mischen. Masse in einer gefetteten, ofenfesten Form glattstreichen und in den noch heißen Backofen stellen. Auflauf bei 200 Grad / Gas Stufe 3 etwa 40 Minuten backen, bis er oben schön gebräunt ist.

Pro Portion 7 g pflanzliches Eiweiß, 11 g tierisches Eiweiß, 25 g Fett, 33 g Kohlenhydrate; 440 Kalorien/1842 Joule.

Beerenquark

1/2 Becher Schlagsahne (125 g), 500 g Magerquark, 1 Ei, 5 Eßl. Honig, abgeriebene Zitronenschale, 200 g schwarze Johannisbeeren (ersatzweise 1 Paket gemischte Tiefkühl-Beeren von 300 g).

Sahne steif schlagen, mit Quark, Ei, Honig und Zitronenschale vermischen. Johannisbeeren waschen und trockentupfen. Sechs Johannisbeerrispen zum Verzieren beiseite legen, die anderen Beeren mit einer Gabel von den Stielen streifen und pürieren. (Tiefkühl-Beeren vorher auftauen lassen.) Quark in zwei Portionen teilen, die eine mit dem Fruchtpüree mischen. Helle und dunkle Quarkcreme in Dessertschalen füllen und mit den Johannisbeerrispen garnieren.

Pro Portion 1 g pflanzliches Eiweiß, 14 g tierisches Eiweiß, 8 g Fett, 22 g Kohlenhydrate; 250 Kalorien/921 Joule.

5. Menü

Raffiniert und nicht ganz billig

1.
Gemüseplatte

2.
Brokkolisuppe mit Tofu und Kresse

3.
Kichererbsen mit Gemüse,
Pellkartoffeln und Kräuterbutter

4.
Obstkaltschale

Für 6 Personen

Ein sehr leichtes Menü für den Frühsommer und dabei so unkompliziert in der Zubereitung, daß Sie damit auch Ihre ersten »vollwertigen« Kochversuche starten können.

Tips für den Einkauf

Im Supermarkt oder Feinkostgeschäft gibt es: Oliven, eingelegte Pfefferschoten, Sojasoße, Tiefkühl-Brokkoli und -Erbsen, trockenen Sherry, Crème fraîche, Joghurt, Orangenlikör, alle Gewürze;
im Grünen Laden oder Reformhaus: (kaltgepreßtes) Öl in verschiedenen Sorten, Tofu, Instant-Gemüsebrühe, Kichererbsen, Agar-Agar, Zuckerrohrgranulat, Naturvanille, ungesüßten Sanddornsirup;
beim Gemüsehändler: Spargel, Zucchini, Zitronen, Kräuter, Kartoffeln, Spinat, Pfefferschote, Erdbeeren.

Vorbereitung

- Am Morgen des Vortages: Kichererbsen einweichen;
- am Vorabend oder morgens: Kichererbsen garen, Obstkaltschale (ohne Beeren), marinierte Gemüse und Kräuterbutter zubereiten, Tofu marinieren;
- 60 Minuten vor dem Essen: Brokkoli antauen lassen, Spinat verlesen, Tofu braten, Erdbeeren vorbereiten, Hauptgericht aufsetzen;
- nach der Vorspeise: Suppe und Dessert fertigstellen.

Gemüseplatte

500 g weißer Spargel, Salz, 1 Prise Zucker, 500 g kleine, schlanke Zucchini, 4 Eßl. Öl (Oliven-, Sonnenblumen- oder Distelöl), 2 Zitronen, schwarzer Pfeffer, je 100 g grüne und schwarze Oliven, 6 eingelegte, milde rote Pfefferschoten, Basilikum und Paksoiblätter (ersatzweise Mangold oder Salatblätter) zum Garnieren.

Spargel schälen, waschen und in Salzwasser mit Zucker 15 Minuten garen. Herausnehmen und abtropfen lassen. Spargelbrühe beiseite stellen. Zucchini putzen, waschen und längs in fingerdicke Stifte schneiden. Öl in einer Pfanne erhitzen. Zucchini darin bei mittlerer Hitze bißfest braten. Mit dem Spargel auf einer tiefen Platte anrichten. Ein Achtelliter Spargelbrühe, restliches Öl und Saft von einer Zitrone in die Pfanne geben und einmal aufkochen. Über das Gemüse gießen, Pfeffer darübermahlen. Gemüse erkalten oder lauwarm abkühlen lassen. Restliche Zitrone waschen und in Scheiben schneiden. Gemüse mit Zitronenscheiben, Oliven, Pfefferschoten, Basilikum und Paksoiblättern garnieren.

Pro Portion 4 g pflanzliches Eiweiß, – tierisches Eiweiß, 17 g Fett, 9 g Kohlenhydrate; 205 Kalorien/858 Joule.

Brokkolisuppe mit Tofu und Kresse

250 g Tofu, 1 Zitrone, 3 Eßl. Sojasoße, 2 Eßl. Öl (Soja-, Sonnenblumen- oder Maiskeimöl), 1 Paket Tiefkühl-Brokkoli (300 g), 3/4 l Gemüsebrühe, 1 Eßl. trockener Sherry (eventuell weglassen), 1 Bund Petersilie, 1/2 Kästchen Gartenkresse.

Abgetropften Tofu in kleine Würfel schneiden. Mit einem Stück gehackter Zitronenschale, Zitronensaft und Sojasoße mischen und mindestens zwei Stunden marinieren. Öl erhitzen. Tofu darin unter häufigem Wenden etwa drei Minuten braten. Angetauten Brokkoli in Stücke schneiden. In der kochenden Gemüsebrühe mit dem Sherry einmal aufkochen und zugedeckt bei kleiner Hitze fünf Minuten garen. Tofu zugeben. Bratfond in der Pfanne mit etwas Brühe lösen und mit der gewaschenen, grob gehackten Petersilie in die Suppe geben. Suppe auf Tellern verteilen und mit der abgeschnittenen Kresse bestreuen.

Pro Portion 6 g pflanzliches Eiweiß, – tierisches Eiweiß, 6 g Fett, 5 g Kohlenhydrate; 105 Kalorien/440 Joule.

Kichererbsen mit Gemüse, Pellkartoffeln und Kräuterbutter

300 g Kichererbsen, 125 g Butter, 2 Knoblauchzehen, 1 Eßl. frisch gehackte Petersilie, 1 Eßl. Zitronensaft, Salz, frisch gemahlener schwarzer Pfeffer, 1 kg kleine Kartoffeln, 500 g Spinat, 1 Zwiebel, 1 Eßl. Öl (Maiskeim- oder Sonnenblumenöl), 1 frische rote Pfefferschote, 1/2 Becher Crème fraîche (100 g), 1 Paket Tiefkühl-Erbsen (300 g), 1 Bund Schnittlauch.

Kichererbsen in 800 Kubikzentimeter Wasser acht Stunden einweichen. Im Wasser 90 Minuten garen. Weiche Butter mit zerdrücktem Knoblauch, Petersilie, Zitronensaft, Salz und Pfeffer mischen und kühlen. Gewaschene Kartoffeln mit der Schale weich garen. Spinat verlesen, waschen und abtropfen lassen. Zwiebel abziehen, hacken und im heißen Öl glasig braten. Kichererbsen, entkernte Pfefferschote und Crème fraîche zugeben, aufkochen und 15 Minuten bei kleiner Hitze zugedeckt garen. Spinat und Erbsen untermischen, weitere fünf Minuten garen. Mit Schittlauchröllchen bestreuen. Kartoffeln und Kräuterbutter dazu servieren.

Pro Portion 21 g pflanzliches Eiweiß, 1 g tierisches Eiweiß, 32 g Fett, 69 g Kohlenhydrate; 605 Kalorien/2533 Joule.

Obstkaltschale

1/2 l Milch, 25 g Zuckerrohrgranulat, 1/2 Teel. gemahlene Naturvanille, 1/2 Teel. Agar-Agar, 2 Becher Joghurt (3,5 %) zu je 125 g, 1 Eßl. ungesüßter Sanddornsirup, 600 g Erdbeeren, 2 Eßl. Orangenlikör (ersatzweise Orangensaft).

Milch mit Zuckerrohrgranulat und Vanille aufkochen. Agar-Agar mit einem Eßlöffel kaltem Wasser glattrühren und in der Milch drei Minuten kochen. Milch lauwarm abkühlen lassen. Joghurt mit Sanddornsirup schaumig schlagen. Unter die Milch mischen. Auf tiefe Teller verteilen und bis zum Servieren kühlen. Erdbeeren verlesen, waschen, trockentupfen, von den Stielen zupfen und halbieren. Mit Orangenlikör beträufeln und etwa 30 Minuten ziehen lassen. In die Kaltschale geben.

Pro Portion 1 g pflanzliches Eiweiß, 4 g tierisches Eiweiß, 5 g Fett, 19 g Kohlenhydrate; 155 Kalorien/649 Joule.

Festliche Menüs

Feste feiert man mit gutem Essen. Daran soll sich auch nichts ändern, wenn Sie sich entscheiden, gesünder – also vollwertig – zu kochen. Im Gegenteil: Wenn man sich nach einem köstlichen Menü mit fünf Gängen nicht voll, sondern rundum wohl fühlt, wird das Feiern zum wahren Genuß. Hier haben Sie die Wahl: Sie können mit vielen Freunden zusammen ein opulentes Essen kochen. Sie können auch, wenn Sie nur wenig Zeit zum Vorbereiten haben, im kleinen Kreis erlesen essen. Die Feste können Sie feiern, wie sie fallen: Für den Winter sind kräftige, für Frühling und Sommer leichte Menüs dabei. Und wenn Sie es gern exotisch mögen, probieren Sie die Spezialmenüs aus Asien und Afrika.

1. Menü

Edel – aber einfach zu kochen

1.
Marinierter Tofu mit Sherry

2.
Mangoldröllchen mit Tomatensoße
und Kartoffelpuffer

3.
Aprikosenschnee

Für 4 Personen

Festlich essen im kleinen Kreis mit edlen Gerichten, die wenig Mühe machen und sich gut vorbereiten lassen – das ist mit diesem Menü kein Problem. Sie können es übrigens auch zubereiten, wenn es weder aromatische Kräuter noch vollreife Tomaten gibt: Nehmen Sie einfach Tiefkühl-Kräuter und Dosentomaten, die viel besser schmecken als Import- und Treibhausware.

Für mehr als vier Personen können Sie nach der Vorspeise »Maissuppe mit schwarzen Linsen« (Rezept Seite 40) und/oder zum Hauptgericht »Gurkensalat mit Rettichsprossen« (Rezept Seite 117) reichen.

Tips für den Einkauf

Im Supermarkt oder Feinkostgeschäft gibt es: Sojasoße, trockenen Sherry, Doppelrahmfrischkäse, Crème fraîche, Knäckebrot, Bergkäse (ersatzweise Emmentaler Käse), alle Gewürze;
im Grünen Laden oder Reformhaus: Tofu, (kaltgepreßtes) Öl in verschiedenen Sorten, Eier, Instant-Gemüsebrühe, Weizenvollkornmehl, ungeschwefelte getrocknete Aprikosen, ungesüßten Sanddornsirup;
beim Gemüsehändler: Limetten, Pfefferschote, weißen Rettich, alle Kräuter (ersatzweise für Majoran: Petersilie), Tomaten, Zitrone, Mangold, Kartoffeln.

Vorbereitung

- Am Vorabend oder morgens: Aprikosen einweichen;
- zwei Stunden vor dem Essen: Tofu marinieren und zugedeckt beiseite stellen; Dessert zubereiten und zugedeckt kühlen; Tomatensoße zubereiten; Mangoldröllchen vorbereiten und zugedeckt beiseite stellen (Gesamtdauer: etwa eineinviertel Stunden);
- etwa 45 Minuten vor dem Essen: Kartoffelteig zubereiten und zugedeckt stehenlassen (Gesamtdauer mit der Küchenmaschine etwa 10 Minuten, mit der Rohkostreibe etwa 30 Minuten);
- etwa 15 Minuten vor dem Essen: Vorspeise fertigstellen und anrichten;
- nach der Vorspeise: Mangoldröllchen garen; Kartoffelpuffer braten; Tomatensoße erhitzen (Gesamtdauer etwa 20 Minuten).

Marinierter Tofu mit Sherry

250 g Tofu, 4 Eßl. Sojasoße, 2 Eßl. trockener Sherry, 1 Eßl. Öl (Sonnenblumen- oder Maiskeimöl), evtl. 1 Teel. Nußöl, 2 Limetten (ersatzweise kleine Zitronen), 1/4 frische rote Pfefferschote (Rest für Tomatensoße, Rezept Seite 136, verwenden), Salz, frisch gemahlener schwarzer Pfeffer, 1 kleiner weißer Rettich (etwa 400 g), 1 Bund Schnittlauch.

Abgetropften Tofu in dünne Scheiben schneiden und schuppenförmig auf Tellern anrichten. Für die Marinade Sojasoße, Sherry, beide Ölsorten und Saft von einer Limette verrühren. Pfefferschote entkernen, in ganz feine Streifen schneiden und untermischen. Marinade mit Salz und Pfeffer würzen, Tofu damit beträufeln und zugedeckt zwei Stunden ziehen lassen.

Zweite Limette in dünne Scheiben schneiden. Rettich schälen und raspeln. Schnittlauch waschen, trockentupfen und in feine Röllchen schneiden. Tofu mit Limettenscheiben, Rettich und Schnittlauch anrichten und mit Pfeffer aus der Mühle bestreuen.

Pro Portion 8 g pflanzliches Eiweiß, – tierisches Eiweiß, 7 g Fett, 8 g Kohlenhydrate; 140 Kalorien/586 Joule.

Mangoldröllchen mit Tomatensoße und Kartoffelpuffern

500 g Tomaten, 1 Zwiebel, 3 Knoblauchzehen, Rest der Pfefferschote vom Rezept Seite 135, 1 Eßl. Öl (Maiskeim-, Sonnenblumen- oder Olivenöl), Salz, 1 Prise Zucker, 1 Eßl. Schlagsahne, 200 g Doppelrahmfrischkäse, 2 Eigelb, 1 Eßl. Crème fraîche, 20 g fein geriebenes Knäckebrot, 30 g frisch geriebener Bergkäse, frisch gemahlener weißer Pfeffer, 1/2 Zitrone, 8 Blätter frischer Mangold (ersatzweise Paksoi oder Kopfsalat), 4 Eßl. Gemüsebrühe (Instant), 400 g Kartoffeln (mehlige Sorte), 1 Eßl. Weizenvollkornmehl, 1 Eßl. frisch gehackter Majoran, Öl zum Braten.

Für die Soße abgezogene Tomaten, Zwiebeln und Knoblauch getrennt hacken. Pfefferschote fein zerkleinern. Zwiebel und etwa ein Drittel des Knoblauchs im heißen Öl glasig braten. Tomaten und Pfefferschote zugeben. Bei mittlerer Hitze 15 Minuten schmoren und dabei dickflüssig einkochen lassen. Mit Salz, Zucker und Sahne abschmecken und zugedeckt warm halten. Für die Mangoldröllchen Frischkäse mit einem Eigelb und Crème fraîche glattrühren. Restlichen Knoblauch, Knäckebrot und Käse untermischen. Mit Salz, Pfeffer und Zitronensaft würzen. Mangoldblätter kurz in kochendes Wasser tauchen, damit sie sich rollen lassen. Grüne Blätter von den weißen Stielen schneiden. Die Hälfte der Stiele fein hacken und mit der Käsefüllung mischen. Füllung auf den Blättern verteilen. Blätter aufrollen. Restliche Stiele in einen breiten, flachen Topf geben, Mangoldröllchen darauflegen. Brühe rundherum zugießen. Einmal aufkochen und die Röllchen zugedeckt bei kleiner Hitze 15 Minuten dünsten. Für die Kartoffelpuffer geschälte Kartoffeln waschen, abtrocknen und raspeln. Mit dem restlichen Eigelb, Mehl, Salz, Pfeffer und Majoran mischen. Öl erhitzen. Acht Kartoffelpuffer darin pro Seite etwa 3 Minuten braten. Herausnehmen und auf Küchenpapier abtropfen lassen. Mangoldröllchen mit den gedünsteten Stielen und den Puffern auf Tellern anrichten. Tomatensoße dazu servieren.

Pro Portion 8 g pflanzliches Eiweiß, 9 g tierisches Eiweiß, 39 g Fett, 31 g Kohlenhydrate; 570 Kalorien/2386 Joule.

Öl

Öl wird aus dem Fleisch (Oliven) oder den Samen (Sonnenblumenkerne, Maiskeime) ölhaltiger Pflanzen gewonnen. In der Vollwerternährung gelten kaltgepreßte, naturbelassene Öle als Frischkost, weil sie bei der Pressung auf höchstens 50 Grad erhitzt werden. Dadurch bleiben Eigengeschmack und natürlicher Gehalt an wertvollen Fettsäuren und Vitaminen unverändert. Am besten verwendet man diese Öle für kalte Gerichte wie Salate, mariniertes Gemüse und Rohkost, damit ihr feiner Geschmack zur Geltung kommt. Ob man ein Öl erhitzen, also zum Kochen oder Braten verwenden darf, hängt übrigens nicht von der Kaltpressung, sondern von der Zusammensetzung der Fettsäuren ab: Naturbelassene Öle mit hohem Anteil an einfach ungesättigten Fettsäuren wie Oliven-, Erdnuß- oder Sesamöl können Sie höher erhitzen und zum Grillen oder Fritieren verwenden. Zum Schmoren oder Braten bei kleiner bis mittlerer Hitze, also bei Temperaturen unter 100 Grad, eignet sich jedes kaltgepreßte Öl. Zu stark erhitztes Öl beginnt zu rauchen und sollte nicht mehr verwendet werden.
Naturbelassenes Öl gibt es in Grünen Läden, Reformhäusern und Delikateßgeschäften. Es ist nicht gerade billig, jedoch sehr wichtig für eine gesunde Ernährung. Da jede Sorte anders schmeckt, sollten Sie verschiedene Öle probieren und die wählen, die Sie am liebsten mögen. Deshalb finden Sie in den Rezepten meist auch keine bestimmten Angaben zur Ölsorte, sondern nur Vorschläge.

Aprikosenschnee

200 g getrocknete Aprikosen, 2 Eßl. Zitronensaft, 1 Eßl. ungesüßter Sanddornsirup, 2 Eiweiß, 1/2 Becher Schlagsahne (100 g).

Aprikosen über Nacht in Wasser einweichen. Abtropfen lassen und pürieren. Mit Zitronensaft und Sanddornsirup mischen. Eiweiß und Sahne getrennt steif schlagen und unterziehen. Dessert bis zum Servieren zugedeckt kühlen.

Pro Portion 3 g pflanzliches Eiweiß, 3 g tierisches Eiweiß, 8 g Fett, 35 g Kohlenhydrate; 240 Kalorien/1005 Joule.

TIP: Trockenobst wird meist mit Schwefeldioxid behandelt, um die Haltbarkeit zu verlängern und dem Obst eine schönere Farbe zu geben (ungeschwefelte Aprikosen z. B. sind dunkel gefärbt und ziemlich unansehnlich). Geschwefelte Produkte müssen entsprechend gekennzeichnet sein: »geschwefelt« oder »stark geschwefelt«. Da der konservierende Schwefelzusatz von vielen Menschen nicht gut vertragen wird, sollten Sie starkgeschwefeltes Obst gar nicht kaufen, geschwefeltes unter heißem Wasser gründlich waschen. Am besten kauft man im Grünen Laden oder Reformhaus ungeschwefeltes Trockenobst.

2. Menü

Für den Winter

1.
Carpaccio von rote Bete

2.
Wirsingsuppe mit Sahne und Kräutern

3.
Grünkohlquiche

4.
Tofu-Braten
Bunter Salat mit Sprossen

5.
Orangencreme

Für 8 Personen

Ein echt vegetarisches Festessen! Es ist so abwechslungsreich in der Speisenfolge, daß Sie auch Gäste dazu bitten können, die Vollwertiges erst kennenlernen wollen. Gemüse wird auf verschiedenste Art angeboten: edel beim Carpaccio, sahnig-leicht in der Suppe, kräftiger in der Quiche und im Tofu-Braten. Die Gerichte sind auf Gemüsesorten abgestimmt, die es im Winter überall zu kaufen gibt und die reichlich Vitamine liefern. Für das Menü brauchen Sie normale Koch-Routine; in den Pausen zwischen den Gerichten können Sie alles in Ruhe fertigstellen.

Tips für den Einkauf

Im Supermarkt oder Feinkostgeschäft gibt es: Himbeer- und anderen Obstessig, Senf, Tiefkühl-Kräuter und -Grünkohl, Crème fraîche, mittelalten Goudakäse, Vollwerttoastbrot, Honig, fast alle Gewürze;
im Grünen Laden oder Reformhaus: verschiedene Sorten Öl (kaltgepreßt), milchsaures Gemüse, Eier, Instant-Gemüsebrühe, Weizenvollkornmehl und -schrot, Kreuzkümmel, Sonnenblumen- und Walnußkerne, Hirse, Tofu, Mungobohnen, Alfalfa, Rettich- und Kressesamen, Naturvanille;
beim Gemüsehändler: alle Kräuter, rote Bete, Wirsingkohl, unbehandelte Zitrone, Sellerieknolle, Suppengrün, Möhren, Feldsalat, Champignons, unbehandelte Orangen, Kumquats.

Vorbereitung

- Vier bzw. drei Tage vorher: Sprossen keimen;
- morgens: Quiche-Teig zubereiten, in der Form kühlen, Schrot und Hirse garen, Dessert zubereiten, Grünkohl auftauen;
- zweieinhalb Stunden vor dem Essen: Teig für Tofu-Braten zubereiten und in die Form legen, Dressing für Salat und Carpaccio, Füllung für Quiche zubereiten, Wirsing vorbereiten (Gesamtdauer etwa 75 Minuten);
- etwa 75 Minuten vor dem Essen: Quiche-Boden 20 Minuten vorbacken, füllen und fertig backen; herausnehmen und mit einem Küchentuch bedeckt stehenlassen; parallel dazu Carpaccio anrichten, Salatzutaten putzen, aber noch nicht waschen (Gesamtdauer etwa 60 Minuten);
- etwa 15 Minuten vor dem Essen: Suppe zubereiten und warm halten;
- nach der Vorspeise: Tofu-Braten garen, Suppengrün vorbereiten, Suppe fertigstellen (Gesamtdauer etwa 10 Minuten);
- nach der Grünkohlquiche: Tofu-Braten fertiggaren; Salat waschen und mischen (Gesamtdauer 20 Minuten).

Carpaccio von rote Beete

1 Eßl. Himbeeressig, 1 Teel. scharfer Senf, Salz, 3 Eßl. Öl (Sonnenblumen- oder Distelöl), 100 g milchsaures Gemüse, 2 hartgekochte Eier, 1 kleine Zwiebel, 1 Bund Schnittlauch, 500 g kleine rote Bete, Pfeffer.

Für das Dressing Essig, Senf, Salz und zwei Eßlöffel Öl verrühren. Gemüse, Eier und Zwiebel hacken und unter das Dressing mischen. Schnittlauch in feine Röllchen schneiden. Blättchen der rote Bete hacken, mit Schnittlauch mischen. Rote Bete schälen und auf dem Gurkenhobel in dünne Scheiben hobeln. Scheiben kranzförmig auf Tellern anrichten. Gemüsemischung darauf verteilen, Schnittlauch und Rote-Bete-Blättchen darüberstreuen. Mit Pfeffer aus der Mühle würzen und mit dem restlichen Öl beträufeln. 30 Minuten bei Zimmertemperatur ziehen lassen.

Pro Portion 1 g pflanzliches Eiweiß, 1 g tierisches Eiweiß, 6 g Fett, 7 g Kohlenhydrate; 100 Kalorien/419 Joule.

Wirsingsuppe mit Sahne und Kräutern

1 kleiner Wirsingkohl (700 g), 1 kleine Zwiebel, 20 g Butter, $1^1/_8$ l Gemüsebrühe, 1 Becher Schlagsahne (250 g), Salz, frisch gemahlener weißer Pfeffer, Muskat, 1 Päckchen gemischte Tiefkühl-Kräuter.

Wirsingkohl putzen, vierteln und waschen. Strunk herausschneiden und in sehr feine Streifen schneiden. Wirsingblätter grob zerkleinern. Zwiebel abziehen, hacken und in der heißen Butter glasig braten. Streifen vom Strunk und die Brühe zugeben, aufkochen und etwa eine Minute garen. Wirsingblätter und Sahne zufügen, erneut aufkochen und Suppe zugedeckt warm halten. Mit Salz, Pfeffer und einer kräftigen Prise Muskat abschmecken. Kräuter untermischen. Suppe auf Tellern anrichten.

Pro Portion 3 g pflanzliches Eiweiß, 1 g tierisches Eiweiß, 12 g Fett, 5 g Kohlenhydrate; 150 Kalorien/628 Joule.

Grünkohlquiche

200 g Weizenvollkornmehl, Salz, 100 g Butter, 3 Eier, Fett für die Form, 1 Paket Tiefkühl-Grünkohl (450 g), 1 Zwiebel, 1 Knoblauchzehe, 1/8 l Milch, 1/2 Becher Crème fraîche (100 g), 100 g frisch geriebener mittelalter Goudakäse, frisch gemahlener weißer Pfeffer, 1/2 Teel. gemahlener Kreuzkümmel (Kumin), 25 g Sonnenblumenkerne.

Aus Mehl, Salz, Butter, einem Ei und zwei Eßlöffel kaltem Wasser einen Mürbeteig bereiten. Eine gefettete Springform (Durchmesser 26 Zentimeter) damit auslegen und einen etwa drei Zentimeter hohen Rand formen. Teigboden mit einer Gabel einstechen und zugedeckt mindestens 60 Minuten kühlen. Form in den kalten Backofen stellen, auf 180 Grad / Gas Stufe 2 schalten und Teigboden 20 Minuten vorbacken. Für die Füllung aufgetauten Grünkohl, abgezogene, gehackte Zwiebel und Knoblauchzehe, restliche Eier, Milch, Crème fraîche und Käse mischen. Mit Salz, Pfeffer und Kreuzkümmel abschmecken. Füllung auf dem Teigboden glattstreichen. Die Sonnenblumenkerne darüberstreuen. Quiche weitere 20 Minuten backen.

Pro Portion 6 g pflanzliches Eiweiß, 7 g tierisches Eiweiß, 25 g Fett, 21 g Kohlenhydrate; 370 Kalorien/1549 Joule.

Tofu-Braten

1 Zwiebel, 1 Eßl. Öl (Erdnuß-, Sonnenblumen- oder Maiskeimöl), 200 g Weizenschrot, 100 g Hirse, 1 Würfel Instant-Gemüsebrühe, 3 Scheiben Vollkorntoastbrot, 1 Zitrone, 1 Sellerieknolle (etwa 500 g), 1 Bund Petersilie, 250 g Tofu, 3 Eier, 150 g frisch geriebener mittelalter Goudakäse, 50 g grob gehackte Walnußkerne, 2 Eßl. Weizenvollkornmehl, Salz, je 1 kräftige Prise Cayennepfeffer und Muskat, 25 g Butter, 1/8 l Gemüsebrühe, 2 Bund Suppengrün, 1 Becher Schlagsahne (200 g).

Abgezogene Zwiebel fein hacken. Im erhitzen Öl glasig braten. Schrot, Hirse, knapp einen halben Liter Wasser und Instant-Gemüsebrühe zugeben, einmal aufkochen und zugedeckt bei kleiner Hitze 30 Minuten garen. Auf der abgeschalteten Kochstelle weitere 30 Minuten quellen lassen. Brot toasten und würfeln. Schale der Zitrone etwa zur Hälfte dünn abschneiden und fein hacken. Zitrone auspressen. Sellerie schälen, waschen, auf der Rohkostreibe raspeln und mit Zitronensaft mischen. Gewaschene Petersilie hacken, abgetropften Tofu pürieren. Schrotmischung, Brotwürfel, Zitronenschale, Sellerie, Petersilie, Tofu, Eier, Käse, Nüsse und Mehl zu einem Teig mischen. Teig mit Salz, Cayennepfeffer und Muskat kräftig würzen und mit den Händen gut durchkneten. Eine ofenfeste Form mit niedrigem Rand mit etwas Butter ausstreichen. Teig in die Form geben und mit den Händen zu einem ovalen Wecken formen. Mit der Gemüsebrühe umgießen. Butter in kleine Stücke teilen und auf den Tofu-Braten legen. Form in den noch heißen Backofen (vom Backen der Grünkohlquiche) stellen. Braten bei 200 Grad / Gas Stufe 3, 20 Minuten garen (im vorher kalten Backofen 25 Minuten). Inzwischen Suppengrün putzen, waschen und fein zerkleinern. Um den Tofu-Braten verteilen. Sahne rundherum zugießen. Tofu-Braten weitere 20 Minuten garen, dabei immer wieder mit der Sahne bestreichen.

Pro Portion 14 g pflanzliches Eiweiß, 5 g tierisches Eiweiß, 27 g Fett, 44 g Kohlenhydrate; 515 Kalorien/2156 Joule.

Bunter Salat mit Sprossen

Je 20 g Mungobohnen und braune Linsen, je 10 g Alfalfa-, Rettich- und Kressesamen, 200 g Möhren, 150 g Feldsalat, 250 g Champignons, 1 Bund Dill, 6 Eßl. milder Obstessig, 1/2 Eßl. scharfer Senf, Salz, frisch gemahlener schwarzer Pfeffer, 1/2 Becher Crème fraîche (100 g), 3 Eßl. Öl (Sonnenblumen-, Maiskeim- oder Olivenöl).

Mungobohnen und Linsen vier Tage, Samen drei Tage keimen lassen (siehe Kasten Seite 118). Möhren schälen und raspeln. Feldsalat mehrmals waschen und trockenschwenken. Pilze putzen, gegebenenfalls kurz waschen, trockentupfen und blättrig schneiden. Gewaschenen Dill trockentupfen. Acht zarte Blättchen abzupfen, restlichen Dill mit den Stielen fein hacken. Für die Salatsoße Essig, Senf, Salz, Pfeffer, Crème fraîche und Öl verrühren. Soße mit Sprossen, Möhren, Salat, Pilzen und gehacktem Dill vorsichtig mischen. Salat auf Tellern anrichten und mit den Dillzweigen garnieren.

Pro Portion 3 g pflanzliches Eiweiß, – tierisches Eiweiß, 4 g Fett, 7 g Kohlenhydrate, 125 Kalorien/523 Joule.

Orangencreme

3/8 l Milch, 1/2 Teel. gemahlene Naturvanille, 1 Prise Salz, 3 Eier, 2 Eßl. Honig (etwa 30 g), 75 g Weizenvollkornmehl, Saft von 2 Orangen, 1 Becher Schlagsahne (250 g), 200 g Kumquats (ersatzweise Orangenfilets), etwas Schale von 1 unbehandelten Orange zum Garnieren.

Milch mit Vanille und Salz bis knapp unter den Siedepunkt erhitzen. Eier trennen. Eigelb mit Honig in einem Topf sehr schaumig schlagen. Mehl untermischen. Milch unter ständigem Weiterschlagen langsam zugießen. Unter Rühren aufkochen, bis die Masse dick wie Pudding ist. Topf in kaltes Wasser mit einigen Eiswürfeln stellen, Creme rühren, bis sie kalt ist. Orangensaft untermischen. Eiweiß und Sahne getrennt steif schlagen. Eischnee und die Hälfte der Sahne unter die Orangencreme ziehen. Gewaschene, abgetrocknete Kumquats in Scheiben schneiden. Schichtweise mit der Creme in Dessertschalen füllen. Creme mit der restlichen Sahne und Streifen von Orangenschale garnieren. Mindestens eine Stunde zugedeckt kühlen.

Pro Portion 2 g pflanzliches Eiweiß, 5 g tierisches Eiweiß, 14 g Fett, 19 g Kohlenhydrate; 235 Kalorien/984 Joule. (Foto siehe Bildteil).

3. Menü

Für den Frühling

1.
Bunter Frühlingssalat
mit pochierten Eiern

2.
Spargelsuppe

3.
Vollkornnudeln in Morchelsahne

4.
Tofufrikadellen mit Spinat
und Tomaten

5.
Obstsalat mit Vanillesahne

Für 8 Personen

Sehr edel, nicht ganz billig, aber so frisch und köstlich, daß man den Frühling richtig schmeckt: Dieses Menü bringt alles Gute auf den Tisch, das Sie ab April wieder überall bekommen. Trotz der vielen feinen Zutaten macht der Einkauf sicher keine Probleme, und wenn man zum Pochieren keine wirklich frischen Eier (siehe Tip beim Rezept) bekommt, kocht man sie einfach wachsweich.

Tips für den Einkauf

Im Supermarkt oder Feinkostgeschäft gibt es: Crème fraîche, Senf, Weißwein- und Balsamessig, Kapern, getrocknete Morcheln oder Steinpilze, mittelalten Goudakäse, Tiefkühl-Blattspinat und -Kräuter, Sojasoße, Vollkornbrot, Parmesankäse, Honig, alle Gewürze;
im Grünen Laden oder Reformhaus: Eier, (kaltgepreßtes) Öl in verschiedenen Sorten, Weizenvollkornmehl, Vollkornspaghetti, Tofu, Walnuß-, Sonnenblumen- und andere Nußkerne, Instant-Gemüsebrühe, Korinthen, Naturvanille;
beim Gemüsehändler: Zitrone, Kopfsalat, Lauchzwiebeln, Radieschen, rosa Champignons, alle Kräuter (ersatzweise für Kerbel: Petersilie), grünen Spargel, Schalotten, Tomaten, gemischtes Obst, Orange.

Vorbereitung

- Morgens: Morcheln einweichen; Spargel putzen und in ein feuchtes Tuch wickeln, aus den Abfällen Brühe kochen; Spinat auftauen;
- etwa zweieinviertel Stunden vor dem Essen: Frikadellen zubereiten und in die Form schichten, Dressing und Morchelsahne zubereiten (Gesamtdauer etwa eineinviertel Stunden);
- etwa 60 Minuten vor dem Essen: Obstsalat zubereiten und zugedeckt ziehen lassen, Salatzutaten vorbereiten, Eier pochieren (Gesamtdauer etwa 50 Minuten);
- etwa 10 Minuten vor dem Essen: Vorspeisensalat anrichten, Spargelbrühe aufsetzen;
- nach der Vorspeise: Suppe garen, Nudelwasser aufsetzen (Gesamtdauer etwa fünf Minuten);
- nach der Suppe: Frikadellen in den Ofen schieben, Nudelgericht fertigstellen (Gesamtdauer etwa 10 Minuten);
- nach dem Hauptgericht: Dessert fertigstellen (Gesamtdauer etwa fünf Minuten).

Bunter Frühlingssalat mit pochierten Eiern

2 Eßl. Zitronensaft, 8 kleine Eier, 1 Kopfsalat, 1 Bund Lauchzwiebeln, 1 Bund Radieschen, 100 g rosa Champignons, je 1 Bund Dill und Schnittlauch, 2 Eßl. Schlagsahne, 1 Eßl. Crème fraîche, 2 Teel. scharfer Senf, je 1 Eßl. Weißwein- und Balsamessig, 2 Teel. Kapern, Salz, frisch gemahlener weißer Pfeffer, 1 Eßl. Öl (Sonnenblumen- oder Distelöl), 1 Handvoll frischer Kerbel.

Etwa ein Liter Wasser mit Zitronensaft aufkochen. Eier einzeln in eine Schöpfkelle schlagen und nacheinander in das sprudelnd kochende Wasser geben. Vier Minuten garen, herausnehmen und warm halten. Salat, Zwiebeln, Radieschen, Pilze und Kräuter vorbereiten, zerkleinern, mischen und auf Tellern anrichten. Für die Soße Sahne, Crème fraîche, Senf, Essig, Kapern, Salz, Pfeffer und Öl verrühren. Über den Salat träufeln. Eier und Kerbel darauf anrichten.

Pro Portion 2 g pflanzliches Eiweiß, 6 g tierisches Eiweiß, 7 g Fett, 4 g Kohlenhydrate; 145 Kalorien/616 Joule.

TIP: So testen Sie, ob Eier frisch sind: Frische Eier bleiben in einem mit Wasser gefüllten Glas flach am Boden liegen; je älter sie sind, desto mehr richten sie sich auf, bis sie senkrecht auf der Spitze stehen.

Spargelsuppe

1 kg grüner Spargel, Salz, 1 Prise Zucker, 1 Teel. Butter, 1 Teel. Weizenvollkornmehl, 1/8 l Milch, 1 Becher Schlagsahne (250 g), 2 Eigelb, frisch gemahlener weißer Pfeffer, Muskat, 2 Eßl. frisch gehackte Petersilie.

Spargelstangen an den unteren Enden dünn schälen, holzige Stellen abschneiden. Einen Liter Wasser mit Salz und Zucker zum Kochen bringen, gewaschene Spargelabfälle darin 20 Minuten kochen. Brühe durchsieben und erneut aufkochen. Butter und Mehl mit einer Gabel verkneten. Mehlbutter in die Spargelbrühe rühren. Gewaschenen, in etwa vier Zentimeter lange

Stücke geschnittenen Spargel zwei Minuten darin garen. Milch und Sahne bis auf zwei Eßlöffel zugießen und bis knapp unter den Siedepunkt erhitzen, aber nicht mehr aufkochen. Restliche Sahne mit Eigelb verrühren und in die heiße Suppe mischen. Mit Salz, Pfeffer und einer kräftigen Prise Muskat abschmecken, in Teller füllen und mit der Petersilie bestreut sofort servieren.

Pro Portion 3 g pflanzliches Eiweiß, 2 g tierisches Eiweiß, 13 g Fett, 7 g Kohlenhydrate; 165 Kalorien/691 Joule.

Vollkornnudeln in Morchelsahne

2 Päckchen getrocknete Morcheln (ersatzweise Steinpilze, etwa 40 g), 1 Schalotte (ersatzweise kleine Zwiebel), 1 Teel Butter, 1 Becher Schlagsahne (250 g), 50 g frisch geriebener mittelalter Goudakäse, Salz, frisch gemahlener weißer Pfeffer, 500 g Vollkornspaghetti, 2 Eßl. frisch gehackte Petersilie.

Morcheln fünf Stunden in einem Viertelliter Wasser einweichen. Pilze herausnehmen, auf einem Sieb gründlich abspülen. Einweichwasser durch eine Kaffeefiltertüte gießen, um Erdreste herauszufiltern, die aus den Pilzen im Wasser gelöst wurden. Schalotte abziehen und hacken. Mit den Morcheln in der heißen Butter bei mittlerer Hitze unter Rühren zwei Minuten anbraten. Wechselweise nach und nach das Einweichwasser und die Sahne zugießen. Flüssigkeit jeweils bei starker Hitze dickflüssig einkochen lassen. Von der Kochstelle ziehen, Käse einrühren, Soße mit Salz und Pfeffer abschmecken und zugedeckt warm halten. Spaghetti in sprudelnd kochendem Salzwasser in etwa sechs Minuten bißfest garen. Abgießen, abtropfen lassen und mit der Soße mischen. Petersilie darüberstreuen.

Pro Portion 9 g pflanzliches Eiweiß, 2 g tierisches Eiweiß, 14 g Fett, 48 g Kohlenhydrate; 370 Kalorien/1549 Joule.

Tofufrikadellen mit Spinat und Tomaten

2 Pakete Tiefkühl-Blattspinat von je 300 g, 500 g kleine Tomaten, 2 kleine Zwiebeln, 2 Knoblauchzehen, Salz, frisch gemahlener weißer Pfeffer, 20 g Butter, 1 Bund Petersilie, 250 g Tofu, 2 Eßl. Sojasoße, 2 Eier, 100 g geriebene Walnußkerne, 125 g altbackenes, geriebenes Vollkornbrot, 100 g frisch geriebener Parmesankäse, 50 g Weizenvollkornmehl, $^1/_2$ Paket gemischte Tiefkühl-Kräuter, 1 Eßl. Öl (Erdnuß- oder Olivenöl), $^1/_8$ l Gemüsebrühe.

Spinat auftauen lassen und den Boden einer großen, ofenfesten Form mit niedrigem Rand damit auslegen. Gewaschene Tomaten in Scheiben schneiden, Stielansätze dabei entfernen. Acht Tomatenscheiben auf den Spinat legen. Zwiebeln und Knoblauch abziehen. Jeweils eine Zwiebel und eine Knoblauchzehe in dünne Scheiben schneiden und über dem Spinat verteilen. Spinat mit Salz und Pfeffer bestreuen, Butter in Flöckchen darauflegen. Restliche Zwiebel und Knoblauchzehe fein hacken. Petersilie waschen, trockentupfen und fein zerkleinern. Tofu pürieren. Mit Zwiebel, Knoblauch, Petersilie, Sojasoße, Eiern, Nüssen, Brot, Käse, Mehl, Kräutern, Salz und einer kräftigen Prise Pfeffer zu einem Teig mischen. Teig mit den Händen durchkneten, bis er die richtige Bindung hat und beim Formen gut zusammenhält. Mit nassen Händen acht flache Frikadellen formen, auf die Tomatenscheiben legen und mit den restlichen Tomaten bedecken. Mit Öl beträufeln. Gemüsebrühe rundherum dazugießen. Form in den kalten Backofen stellen, auf 200 Grad/Gas Stufe 3 schalten. Frikadellen 35 Minuten garen.

Ergänzung mit Fisch: Tofu und Parmesankäse durch sehr fein zerkleinertes Goldbarsch- oder Forellenfilet, die Sojasoße durch Zitronensaft ersetzen. Den Fischteig zusätzlich mit zwei Scheiben eingeweichtem, gut ausgedrücktem Vollkorntoastbrot verkneten. Mit einer kräftigen Prise Cayennepfeffer und fein gehackter Zitronenschale abschmecken.

Pro Portion 10 g pflanzliches Eiweiß, 6 g tierisches Eiweiß, 18 g Fett, 19 g Kohlenhydrate; 310 Kalorien/1298 Joule. (Foto siehe Bildteil)

Obstsalat mit Vanillesahne

1 kg gemischtes frisches Obst (z. B. Ananas, Orangen, Bananen und Äpfel), je 1 Eßl. Sonnenblumenkerne und grob gehackte, beliebige Nußkerne, 25 g Korinthen, 3 Eßl. Orangensaft, 1 Becher Schlagsahne (250 g), 1 Teel. gemahlene Naturvanille, 1/2 Teel Zimtpulver, 1 Eßl. Honig.

Obst vorbereiten und zerkleinern. Mit Sonnenblumenkernen, Nüssen, Korinthen und Orangensaft mischen. Auf Dessertteller verteilen. Sahne mit Vanille und Zimt erhitzen, aber nicht aufkochen. Topf von der Kochstelle ziehen. Honig untermischen. Obstsalat mit etwas Sahne beträufeln. Restliche Sahne gesondert dazu servieren.

Pro Portion 6 g pflanzliches Eiweiß, 1 g tierisches Eiweiß, 13 g Fett, 24 g Kohlenhydrate; 220 Kalorien/921 Joule.

TIP: Den inneren, härteren Kern von frischer Ananas sollten Sie mitverwenden. Er schmeckt ebensogut wie das äußere Fruchtfleisch und enthält viele Ballaststoffe.

Vollkornnudeln selber machen

Nudeln kann man frisch oder auf Vorrat zubereiten: 250 Gramm Vollkornmehl ergeben etwa 400 Gramm Nudeln. Das Mehl sollten Sie in jedem Fall sieben, damit der Kleieanteil möglichst gering ist, sonst wird der Teig zu spröde. Für die nötige Feuchtigkeit, die den Teig geschmeidig macht, sorgen Öl, Eier und/oder Wasser. Die Menge läßt sich – wie bei allen Vollkornteigen – nicht genau angeben: Verkneten Sie das Mehl zuerst mit Öl und den ganzen Eiern. Jetzt ist der Teig meist noch bröckelig und bindet nicht richtig. Geben Sie nach und nach Eigelb oder tropfenweise kaltes Wasser dazu. Dabei kräftig kneten, bis der Teig glatt, elastisch und formbar ist und nicht mehr an den Händen klebt. Nach der Ruhezeit wird der Teig portionsweise zu millimeterdünnen Platten ausgerollt oder durch die Nudelmaschine gedreht. Die Teigplatten noch einmal etwa zehn Minuten trocknen lassen: Die Nudeln kleben dann beim Schneiden nicht so sehr zusammen. Die geschnittenen Nudeln (oder Teigplatten für Lasagne) sollten etwa eine Stunde trocknen, damit sie beim Garen schön kernig bleiben. Frische, also noch weiche Nudeln brauchen nach dem Aufkochen nur ein bis zwei Minuten zum Garen; bereits getrocknete, harte Nudeln bis zu sechs Minuten.

Auf Vorrat zubereitete Nudeln müssen einige Tage bei Zimmertemperatur ausgebreitet liegen, bis sie ganz trocken sind; feuchte Nudeln könnten beim Aufbewahren schimmeln.

4. Menü

Für den Sommer

1.
Vollkornbrötchen mit Tomatenpüree

2.
Geröstete Paprikaschoten
Fenchelsalat

3.
Tortellini mit Mascarpone und Nüssen

4.
Tofu-Schnitzel mit Pilzen

5.
Überbackenes Eis mit Obst

Für 8 Personen

Festliche, vegetarische Sommerküche nach italienischer Art für alle, die gern gemeinsam kochen und genießen: Nicht nur die Vorbereitung kann man zeitsparender im Team erledigen; auch die Fertigstellung der einzelnen Gänge läßt sich gut aufteilen. Einer übernimmt die Vorspeise, zwei oder drei andere kümmern sich um Tortellini, Schnitzel und Dessert. Wer alleine kochen will, sollte geübt sein und sich reichlich Zeit nehmen.

Tips für den Einkauf

Im Supermarkt oder Feinkostgeschäft gibt es: Apfelessig, Kräutersenf, Mascarpone, Crème fraîche, Parmesankäse, Orangenlikör, Vanilleeiscreme, Honig, alle Gewürze;
im Grünen Laden oder Reformhaus: Vollkornbrötchen, (kaltgepreßtes) Öl in verschiedenen Sorten, Weizenvollkornmehl, Eier, Walnußkerne, Tofu, Zuckerrohrgranulat;
beim Gemüsehändler: Tomaten, alle Kräuter (ersatzweise für Basilikum: Petersilie), Paprikaschoten, Pfefferschote, unbehandelte Zitronen, Fenchel, Endiviensalat, rote Zwiebeln, rosa Champignons, Obst.

Vorbereitung

- Am Vorabend oder morgens: Eis und Paprikaschoten zubereiten;
- dreieinhalb Stunden vor dem Essen: Tortellini zubereiten, Tofu marinieren (Gesamtdauer etwa zwei Stunden);
- etwa eineinhalb Stunden vor dem Essen: Sahnesoße für Tortellini (ohne Endiviensalat) zubereiten; Pilze, Endiviensalat, Fenchel und Obst vorbereiten; alles zugedeckt stehenlassen (Gesamtdauer 60 Minuten).
- etwa 30 Minuten vor dem Essen: Fenchelsalat zubereiten, mit Paprikaschoten anrichten, Vollkornbrötchen zubereiten;
- unmittelbar vor dem Essen: Kochwasser für Tortellini aufsetzen;
- nach den Salaten: Tortellini zubereiten; Teller vorwärmen (Gesamtdauer etwa 15 Minuten);
- nach den Tortellini: Tofu-Schnitzel und Pilze zubereiten; Backofen gegebenenfalls vorheizen (Gesamtdauer etwa 15 Minuten);
- nach den Schnitzeln: Dessert zubereiten (Gesamtdauer etwa 10 Minuten).

Vollkornbrötchen mit Tomatenpüree

500 g Tomaten, 2 Bund Basilikum, 1/2 kleines Bund Petersilie, 2 Knoblauchzehen, Salz, frisch gemahlener schwarzer Pfeffer, 4 Vollkornbrötchen, 3 Eßl. kaltgepreßtes Olivenöl.

Tomaten abziehen, hacken und zerdrücken. Basilikum und Petersilie zerkleinern. Abgezogene Knoblauchzehen ganz fein hacken. Tomaten, Kräuter und Knoblauch mischen. Mit Salz und Pfeffer würzen. Brötchen halbieren und auf ein Backblech legen. Jede Hälfte mit etwas Öl beträufeln. Blech in den ausnahmsweise vorgeheizten Backofen schieben und Brötchen bei 225 Grad/Gas Stufe 4–5 etwa zehn Minuten backen, bis sie knusprig sind. Herausnehmen, mit Tomatenpüree bestreichen und mit dem restlichen Öl beträufeln.

Pro Portion 3 g pflanzliches Eiweiß, – tierisches Eiweiß, 5 g Fett, 13 g Kohlenhydrate; 115 Kalorien/481 Joule.

Geröstete Paprikaschoten

1 kg rote, grüne und gelbe Paprikaschoten gemischt, 1 frische rote Pfefferschote, 4 Knoblauchzehen, 1 Zitrone, 1 Bund Petersilie, 5 Eßl. Olivenöl, Salz, frisch gemahlener schwarzer Pfeffer.

Die Paprikaschoten vierteln, putzen, waschen und trockentupfen. Kerne der Pfefferschote entfernen, Schote in Streifen schneiden. Ein etwa fünf Zentimeter langes Stück Zitronenschale dünn abschneiden und fein zerkleinern. Zitrone auspressen. Petersilie hacken. Öl erhitzen. Paprikaschoten darin auf jeder Seite braten, bis sie weich sind, auf eine Platte legen und mit Salz und Pfeffer würzen. Pfanne von der Kochstelle ziehen. Pfefferschote, gehackten Knoblauch, Zitronenschale und Saft ins Öl geben und fünf Minuten unter häufigem Rühren ziehen lassen. Über den Paprikaschoten verteilen. Petersilie darüberstreuen.

Pro Portion 2 g pflanzliches Eiweiß, – tierisches Eiweiß, 8 g Fett, 6 g Kohlenhydrate; 105 Kalorien/440 Joule.

Fenchelsalat

3 Fenchelknollen (etwa 600 g), 3 Eßl. Apfelessig (ersatzweise Obstessig), 1 Teel. Kräutersenf, Salz, frisch gemahlener weißer Pfeffer, 4 Eßl. Olivenöl, 1/2 Bund Dill.

Fenchelgrün abschneiden, waschen und grob zerkleinern. Knollen halbieren, Strunk herausschneiden, Knollen waschen und quer zu den Fasern in dünne Scheiben schneiden. Für die Salatsoße Essig mit Senf, Salz und Pfeffer verrühren. Öl nach und nach unterschlagen. Dill waschen und trockentupfen. Einige zarte Blättchen abzupfen und beiseite legen. Dill fein hacken. Fenchel mit Dill und Salatsoße mischen. Mit den abgezupften Blättchen und dem Fenchelgrün bestreuen.

Pro Portion 2 g pflanzliches Eiweiß, – tierisches Eiweiß, 6 g Fett, 7 g Kohlenhydrate; 95 Kalorien/398 Joule.

Tortellini mit Mascarpone und Nüssen

200 g Weizenvollkornmehl, Salz, 2 Eier, 2 Eßl. Öl (Sonnenblumen- oder Maiskeimöl), 2–3 Eigelb, 1 Knoblauchzehe, 1/2 Bund Petersilie, 100 g Mascarpone (ersatzweise 80 g Doppelrahmfrischkäse und 1 Eßl. Crème fraîche), 1 Eßl. Crème fraîche, 100 g fein geriebene Walnußkerne, frisch gemahlener weißer Pfeffer, 100 g frisch geriebener Parmesankäse, 2 Eßl. Zitronensaft, Mehl zum Ausrollen, 300 g Endiviensalat, 2 rote Zwiebeln, 20 g Butter, 1 Becher Schlagsahne (250 g).

Für den Teig Mehl, Salz, Eier, Öl, drei Eßlöffel warmes Wasser und Eigelb nach Bedarf zu einem geschmeidigen Nudelteig verkneten (siehe Kasten Seite 152). In Pergamentpapier gewickelt 60 Minuten ruhenlassen. Für die Füllung Knoblauch abziehen und durchpressen. Gewaschene Petersilie trockentupfen und ganz fein hacken. Mascarpone mit Knoblauch, Petersilie, Crème fraîche, Nüssen, Salz, Pfeffer sowie je einem Eßlöffel Parmesankäse und Zitronensaft vermischen. Teig noch einmal durchkneten, portionsweise auf wenig Mehl etwa zwei Millimeter dick ausrollen. Mit einem Glas Kreise von etwa sieben

Zentimeter Durchmesser ausstechen. In jede Kreismitte knapp einen Teelöffel Füllung geben. Teigränder mit kaltem Wasser bestreichen. Kreise zu Halbmonden zusammenklappen. Teigränder mit den Zinken einer Gabel fest zusammendrücken, damit die Füllung beim Garen nicht herausquillt. Jeden Halbmond mit beiden Händen fassen und ringförmig um die Zeigefinger legen. Teigenden mit Daumen und Zeigefinger zusammendrücken. Tortellini in reichlich sprudelnd kochendem Salzwasser etwa fünf Minuten garen. Endiviensalat waschen, trockenschwenken und in Streifen schneiden. Abgezogene Zwiebeln in Ringe teilen und in der heißen Butter glasig braten. Sahne und restlichen Käse zugeben und bei mittlerer Hitze unter Rühren cremig einkochen. Mit Salz, Pfeffer und restlichem Zitronensaft abschmecken. Endivienblätter zugeben und nur einige Male umrühren. Abgetropfte Tortellini mit der Soße mischen und sofort servieren.

Pro Portion 6 g pflanzliches Eiweiß, 10 g tierisches Eiweiß, 35 g Fett, 22 g Kohlenhydrate; 480 Kalorien/2009 Joule.

Tofu-Schnitzel mit Pilzen

500 g Tofu, 2 Zitronen, 4 Zweige frischer Thymian, 6 Eßl. Öl (Maiskeim-, Sonnenblumen- oder Olivenöl), 500 g kleine rosa Champignons, 2 Zwiebeln, 20 g Weizenvollkornmehl.

Tofu abtropfen lassen, in Scheiben schneiden und mit dem Saft von einer Zitrone beträufeln. Gewaschenen Thymian trockentupfen, Blättchen abzupfen. Mit zwei Eßlöffel Öl mischen und über den Tofu geben. Zugedeckt zwei Stunden ziehen lassen. Champignons putzen und gegebenenfalls waschen. Abgezogene Zwiebeln grob hacken. Tofu etwas abtropfen lassen, im Mehl wenden und im restlichen Öl von beiden Seiten goldbraun braten. Auf vorgewärmten Tellern warmhalten. Pilze und Zwiebeln ins Bratfett geben und bei großer Hitze unter ständigem Wenden etwa drei Minuten rösten. Neben den Tofu-Schnitzeln anrichten. Marinade und Saft der zweiten Zitrone in die Pfanne geben, Bratfond damit lösen. Soße über die Schnitzel gießen.

Pro Portion 7 g pflanzliches Eiweiß, – tierisches Eiweiß, 12 g Fett, 6 g Kohlenhydrate; 160 Kalorien/670 Joule.

Überbackenes Eis mit Obst

2 Eiweiß, 1 Eßl. Zitronensaft, 1 Eßl. Zuckerrohrgranulat, 500 g gemischtes Obst (z. B. Beeren, Pfirsiche und Nektarinen), 2 Eßl. Orangenlikör (ersatzweise Orangensaft), 200 g Joghurtparfait oder Tee-Eis (Rezept Seite 107 oder 172; ersatzweise fertig gekaufte Vanilleeiscreme), 2 Eßl. flüssiger Honig.

Eiweiß mit Zitronensaft und Zuckerrohrgranulat steif schlagen. Obst vorbereiten und gegebenenfalls zerkleinern, mit Orangenlikör mischen. In Stücke geschnittenes Eis und Obst in eine ofenfeste Form mit niedrigem Rand geben. Eischnee darauf glattstreichen. Form unter den ausnahmsweise vorgeheizten Elektrogrill oder in den auf 250 Grad / Gas Stufe 5 vorgeheizten Backofen schieben. Unter dem Grill ein bis zwei Minuten, im Ofen etwa fünf Minuten überbacken, bis der Eischnee leicht gebräunt ist. Herausnehmen, rasch in Portionen teilen und mit Honig beträufelt servieren.

Pro Portion – pflanzliches Eiweiß, 7 g tierisches Eiweiß, 5 g Fett 17 g Kohlenhydrate; 130 Kalorien/544 Joule.

5. Menü

Aus der chinesischen Küche

1.
Reisrollen mit Gemüsestreifen

2.
Klare Gemüsebrühe mit Pilzen
und Glasnudeln

3.
Gebackene Nudeln mit Gemüse
Gebratener Tofu mit süß-scharfer Soße
Sprossengemüse mit Zwiebeln

4.
Frische Früchte mit Honigsahne

Für 8 Personen

Sehr leicht und sehr edel – ein vegetarisches Festmenü auf die feine chinesische Art, das sich auch gut mit Fleisch ergänzen läßt. Vieles können Sie vorab erledigen; die drei Hauptgerichte allerdings, die zusammen auf den Tisch kommen, müssen frisch gekocht werden. Das dauert auch bei geübten Köchinnen und Köchen eine knappe halbe Stunde. Fast alle Zutaten sind leicht zu bekommen; wenn Sie mit Reispapierblättern und China-Pilzen kein Glück haben sollten, nehmen Sie statt dessen Salatblätter und frische Pilze.

Tips für den Einkauf

Im Supermarkt oder Feinkostgeschäft gibt es: Sojasoße, Glasnudeln, trockenen Sherry, Parboiled Langkornreis, Rotweinessig, Honig, Orangenlikör, alle Gewürze;
im Grünen Laden oder Reformhaus: (kaltgepreßtes) Öl in verschiedenen Sorten, Instant-Gemüsebrühe, Vollkornsuppennudeln, Erdnüsse, Tofu, Weizenvollkornmehl, Mungobohnen, Sonnenblumenkerne, Alfalfa- und Kressesamen, Zuckerrohrgranulat;
beim Gemüsehändler: alle Gemüse und Kräuter, unbehandelte Zitrone, Ingwerwurzel, Pfefferschote, Orange, Lauchzwiebeln, rote Zwiebel, Obst;
im asiatischen Lebensmittelgeschäft: Reispapierblätter, China-Pilze.

Vorbereitung

- Vier bzw. drei Tage vorher: Sprossen keimen;
- am Vorabend oder morgens: Pilze einweichen, Gemüsebrühe kochen, Tofu marinieren;
- zweieinhalb Stunden vor dem Essen: Tofu braten, süß-scharfe Soße zubereiten, beides getrennt beiseite stellen; alle Gemüse putzen und waschen (Gesamtdauer etwa eine Stunde);
- etwa eineinhalb Stunden vor dem Essen: Reisrollen zubereiten; alle anderen Gemüse zerkleinern, Spinat auf Tellern verteilen, Einweichwasser der Pilze filtern, Obst vorbereiten;
- unmittelbar vor dem Essen: Brühe mit Pilzen aufsetzen;
- nach der Vorspeise: Suppe garen, Nudelwasser aufsetzen (Gesamtdauer etwa fünf Minuten);
- nach der Suppe: Schüssel vorwärmen; Reis und Hauptgerichte zubereiten (Gesamtdauer etwa 30 Minuten);
- nach dem Hauptgericht: Dessert fertigstellen (Gesamtdauer etwa 10 Minuten).

Reisrollen mit Gemüsestreifen

16 Blätter Reispapier, 150 g Möhren, 200 g Kohlrabi, 250 g weißer Rettich, 1 Bund Petersilie, 1 Eßl. Zitronensaft, 2 Eßl. kaltgepreßtes Öl (Maiskeim- oder Sojaöl), 1 Eßl. Sojasoße, Salz, frisch gemahlener weißer Pfeffer, Schnittlauchröllchen und Zitronenschale zum Garnieren.

Mehrere Küchentücher in kaltes Wasser tauchen, auswringen und nebeneinander auf der Arbeitsfläche ausbreiten. Die Reispapierblätter nebeneinander darauflegen, mit feuchten Tüchern bedecken und in etwa 15 Minuten so geschmeidig werden lassen, daß man sie aufrollen kann. Inzwischen Gemüse schälen, waschen, abtrocknen und in feine Stifte schneiden. Gewaschene Petersilie trockentupfen und sehr fein hacken. Mit Zitronensaft, Öl, Sojasoße, Salz und Pfeffer verrühren. Gemüse damit mischen und zehn Minuten zugedeckt ziehen lassen. Jeweils zwei Reispapierblätter übereinanderlegen, Gemüse darauf verteilen. Blätter aufrollen, auf Teller legen und eventuell übrig behaltene Füllung dazugeben. Mit Schnittlauch und fein geschnittener Zitronenschale garnieren.

Pro Portion 2 g pflanzliches Eiweiß, – tierisches Eiweiß, 3 g Fett, 5 g Kohlenhydrate; 60 Kalorien/251 Joule.

Klare Gemüsebrühe mit Pilzen und Glasnudeln

8 getrocknete China-Pilze (Shiitake oder Mu-Err),
1 Stück frische Ingwerwurzel (etwa 2 cm lang), 1 Knoblauchzehe,
1 Teel. Öl (Soja- oder Erdnußöl), 1 l Gemüsebrühe, 200 g Spinat,
20 g Glasnudeln, 2 Eßl. Sojasoße, 2 Eßl. trockener Sherry (eventuell weglassen), 1 Eßl. Zitronensaft.

China-Pilze fünf Stunden in einem Viertelliter Wasser einweichen. Pilze herausnehmen, kalt abspülen und in Streifen schneiden. Einweichwasser durch eine Kaffeefiltertüte gießen, um Erdreste herauszufiltern, die sich aus den Pilzen gelöst haben. Ingwer schälen und halbieren. Knoblauch abziehen und hacken. Beide Zutaten und die Pilze im heißen Öl unter Rühren etwa zwei Minuten braten. Gemüsebrühe und Einweichwasser der Pilze zugeben, aufkochen und bei kleiner Hitze fünf Minuten kochen. Inzwischen Spinat verlesen, waschen und trockenschwenken, eventuell harte Stiele abschneiden. Spinat auf Suppentellern verteilen. Glasnudeln, Sojasoße, Sherry und Zitronensaft in die Brühe geben. Erneut aufkochen und sofort über den Spinat gießen.

Pro Portion 3 g pflanzliches Eiweiß, – tierisches Eiweiß, 1 g Fett, 6 g Kohlenhydrate; 55 Kalorien/220 Joule.

Gebackene Nudeln mit Gemüse

250 g feine Vollkornsuppennudeln, Salz, Fett für die Form, 50 g gehackte Erdnüsse, 25 g Butter, 250 g grüne Bohnen, 1 Eßl. Öl, 1/8 l Gemüsebrühe, 250 g Zuckerschoten, 500 g Spitzkohl, 1 Bund Bohnenkraut, frisch gemahlener schwarzer Pfeffer.

Nudeln in reichlich sprudelnd kochendem Salzwasser aufkochen, zwei Minuten sprudelnd kochen, abgießen und mit sieben Eßlöffel heißem Wasser in eine gefettete, ofenfeste Form mit niedrigem Rand geben. Nüsse und Butterflöckchen darüber verteilen. Form in den kalten Backofen stellen, auf 180 Grad / Gas Stufe 2 schalten und 30 Minuten backen. Inzwischen Bohnen putzen, waschen und im heißen Öl anbraten. Gemüsebrühe zugießen, aufkochen und Bohnen zugedeckt 15 Minuten garen. Zuckerschoten und Spitzkohl putzen und waschen. Spitzkohl in etwa zwei Zentimeter breite Streifen schneiden. Gewaschenes Bohnenkraut trockentupfen und hacken. Alle diese Zutaten zu den Bohnen geben und weitere drei Minuten garen. Gemüse mit Salz und Pfeffer abschmecken und zu den gebackenen Nudeln servieren.

Pro Portion 8 g pflanzliches Eiweiß, – tierisches Eiweiß, 9 g Fett, 30 g Kohlenhydrate; 235 Kalorien/984 Joule.

Gebackener Tofu mit süß-scharfer Soße

500 g Tofu, 5 Eßl. Sojasoße, 400 g Langkornreis, Salz, 300 g reife Tomaten (ersatzweise Tomaten aus der Dose), 1 Knoblauchzehe, 1 frische rote Pfefferschote (ersatzweise 1 getrocknete Pfefferschote oder Cayennepfeffer), 5 Eßl. Öl (Erdnuß- oder Sojaöl), 1/8 l Gemüsebrühe, 1 kleine Orange, 3 Eßl. Rotweinessig, 1 Eßl. Honig, 1 Stange Sellerie (etwa 100 g), 1 Möhre (etwa 100 g), 1/2 Bund Petersilie, 1 Teel. Weizenvollkornmehl.

Abgetropften Tofu in Würfel von etwa zwei Zentimeter schneiden. In drei Eßlöffel Sojasoße zwei Stunden zugedeckt marinieren. Reis mit 800 Kubikzentimeter Wasser und Salz aufkochen und zugedeckt bei kleinster Hitze in etwa 25 Minuten ausquellen lassen, bis die Körner weich sind. Für die süß-scharfe Soße Tomaten und Knoblauch abziehen und hacken. Pfefferschote halbieren, einen Teil der Kerne entfernen, Hälften in feine Streifen schneiden. Einen Eßlöffel Öl erhitzen. Knoblauch und Pfefferschote darin kurz anbraten. Tomaten zugeben und bei mittlerer bis starker Hitze unter ständigem Rühren zu einem dicken Mus einkochen lassen. Restliche Sojasoße, Brühe, Orangensaft, Essig und Honig zugeben. Unter Rühren aufkochen und zugedeckt bei kleiner Hitze 15 Minuten kochen lassen. Sellerieblättchen abschneiden. Stange waschen und in dünne Scheiben schneiden. Geschälte Möhre in feine Stifte schneiden. Petersilie waschen, trockentupfen, Blättchen abzupfen. Stiele ganz fein hacken. Restliches Öl erhitzen. Tofu darin bei großer Hitze unter Rühren goldbraun braten. Mit Mehl bestäuben. Sellerie, Möhre und gehackte Petersilienstiele zufügen, kurz mitbraten. Mit Salz würzen und in eine vorgewärmte Schüssel geben. Soße mit Salz abschmecken und darübergießen. Mit Petersilien- und Sellerieblättchen bestreuen. Reis dazu servieren.

Ergänzung mit Fleisch: Nur die halbe Menge Tofu nehmen. 250 g Hähnchenbrustfilet in Streifen schneiden. Mit dem Tofu marinieren und braten.

Pro Portion 10 g pflanzliches Eiweiß, – tierisches Eiweiß, 11 g Fett, 50 g Kohlenhydrate; 325 Kalorien/1360 Joule.

Sprossengemüse mit Zwiebeln

100 g Mungobohnen, 20 g Sonnenblumenkerne, je 10 g Alfalfa- und Kressesamen, 2 Bund Lauchzwiebeln, 1 kleine rote Zwiebel, 1 Knoblauchzehe, 2 Eßl. Öl (Soja-, Erdnuß- oder Sonnenblumenöl), 1/8 l Gemüsebrühe, Salz, frisch gemahlener schwarzer Pfeffer, 1 Eßl. gehackte Petersilie.

Mungobohnen vier Tage, Sonnenblumenkerne, Alfalfa und Kresse getrennt drei Tage keimen lassen (siehe Kasten Seite 118). Lauchzwiebeln putzen, waschen, trockenschwenken und mit etwa zwei Drittel der grünen Blätter in zwei Zentimeter lange Stücke schneiden. Rote Zwiebel und Knoblauch abziehen. Zwiebel in Ringe schneiden. Knoblauch hacken. Öl erhitzen. Mungobohnen, Lauchzwiebeln und Zwiebelringe bei großer Hitze unter Rühren anbraten, bis sich die Mungosprossen zartgrün färben. Knoblauch und Gemüsebrühe zugeben, aufkochen und zugedeckt eine Minute dünsten. Die anderen Sprossen untermischen. Mit Salz und Pfeffer abschmecken, mit Petersilie bestreuen.

Pro Portion 3 g pflanzliches Eiweiß, – tierisches Eiweiß, 3 g Fett, 7 g Kohlenhydrate; 70 Kalorien/293 Joule.

Frische Früchte mit Honigsahne

1 kg gemischtes Obst der Saison, 2 Eßl. Honig, 1 Becher Schlagsahne (250 g), 1 Teel. Zuckerrohrgranulat, 1 Teel. Zimtpulver, 1 Eßl. Orangenlikör (ersatzweise Orangensaft).

Obst vorbereiten, gegebenenfalls zerkleinern, auf Tellern anrichten und mit Honig beträufeln. Sahne mit Zuckerrohrgranulat und Zimtpulver steif schlagen, mit Likör mischen und über dem Obst verteilen.

Pro Portion 1 g pflanzliches Eiweiß, 1 g tierisches Eiweiß, 10 g Fett, 23 g Kohlenhydrate; 195 Kalorien/816 Joule.

TIP: Bei frischem Obst sollten Sie das Angebot der Jahreszeit nutzen; Geschmack und Nährstoffgehalt der Früchte sind dann optimal. Im Herbst gibt es Weintrauben, Birnen und Zwetschen, im Winter und Frühjahr Kiwi, Ananas, Bananen, Äpfel und Zitrusfrüchte. Ab Juni kommen Erdbeeren, Kirschen, Aprikosen und Beeren auf den Markt. Wenn Sie kein frisches Obst in guter Qualität bekommen, nehmen Sie (ungezuckerte) Tiefkühlfrüchte.

6. Menü

Aus der indischen Küche

1.
Rohkostteller mit indischen Gewürzen

2.
Süß-saure Linsensuppe
Fladenbrote

3.
Ananascurry mit Bohnengemüse
Weißkohlcurry mit Sojamilch
Orangenreis

4.
Tee-Eis mit Kiwis und Bananen

Für 10 Personen

Ein Festessen für die große Tischrunde mit exotischen, zum Teil scharf gewürzten Gerichten. Wenn Sie Spaß am Experimentieren mit neuen Zutaten haben, eine ungewöhnliche Speisenfolge schätzen und dem Kochen gern eine ganze Menge Zeit widmen – dann ist dieses Menü genau richtig. Schon der Einkauf der vielen Zutaten dauert eine Weile, sie sind aber leicht zu bekommen. Besondere Übung brauchen Sie nicht, wenn Sie in Ruhe kochen können.

Tips für den Einkauf

Im Supermarkt gibt es: Joghurt, braune Linsen, Parboiled Langkornreis, Tee, Honig, Bananen, einige Gewürze, Buttermilch;
im Grünen Laden oder Reformhaus: (kaltgepreßtes) Öl in verschiedenen Sorten, Senfkörner, Fenchel- und Bockshornkleesamen, Gelbwurz, Kreuzkümmel, Koriander, Weizen- und Roggenvollkornmehl, schwarze Bohnen, Safran, Ingwerpulver, Sojadrink, Kardamomkapseln, Eier, Naturvanille, Korinthen, Walnußkerne, Zuckerrohrgranulat;
beim Gemüsehändler: alle Gemüse, Salate und Kräuter, Kartoffeln, Apfel (Gravensteiner, Boskop oder Glockenapfel), Paprika- und Pfefferschoten, Tomaten, Ingwerwurzel, Kokosnüsse, Ananas, unbehandelte Zitronen und Orangen, Kiwis.

Vorbereitung

- Am Vorabend oder morgens: Kokosmilch zubereiten, Bohnen darin einweichen, Eis und Linsensuppe zubereiten;
- drei Stunden vor dem Essen: Teig für Fladenbrote, gewürzten Joghurt für Ananascurry und Rohkostteller zubereiten, Nüsse hacken, Korinthen einweichen, Gewürze für Currys mischen und zugedeckt beiseite stellen (Gesamtdauer etwa 60 Minuten);
- etwa zwei Stunden vor dem Essen: Bohnen aufsetzen und garen, Weißkohl, Ananas und Rohkost vorbereiten und zerkleinern, Rohkostteller anrichten, Fladenbrote backen und, in ein leicht feuchtes Küchentuch gewickelt, bei etwa 50 Grad im Backofen warm halten; Reis garen, Bohnencurry einkochen und beides ebenfalls im Backofen warmhalten;
- unmittelbar vor dem Essen: Linsensuppe erhitzen, warm halten, Schüsseln vorwärmen;
- nach der Suppe: Weißkohl- und Ananascurry zubereiten (Gesamtdauer etwa 15 Minuten);
- nach den Currys: Dessert anrichten (Gesamtdauer etwa zehn Minuten).

Rohkostteller mit indischen Gewürzen

2 Kohlrabi (etwa 400 g), 1 weißer Rettich (etwa 500 g), 1 Möhre (etwa 100 g), 1 Fenchelknolle (etwa 250 g), 300 g Endiviensalat, 100 g frischer Spinat, 1 Bund Petersilie, 2 Eßl. Öl (Erdnuß- oder Sesamöl), je 1 Teel. Senfkörner, Fenchelsamen, Bockshornkleesamen, gemahlener Gelbwurz (Kurkuma) und gemahlener Kreuzkümmel (Kumin), 1/2 Teel. gemahlener Koriander, 3 Becher Joghurt (3,5 %) von je 150 g, 1 Becher saure Sahne (100 g), 2 Eßl Zitronensaft, Salz, Cayennepfeffer.

Zarte Blättchen von Kohlrabi, Rettich und Fenchel abschneiden. Alle Gemüse, Endiviensalat, Spinat und Petersilie putzen, waschen und zerkleinern. Mit den Blättchen in einer Schüssel mischen. Für die Salatsoße Öl erhitzen. Alle Gewürze darin bei mittlerer Hitze unter Rühren eine Minute rösten. Abkühlen lassen. Joghurt mit Sahne schaumig schlagen. Gewürze und Zitronensaft untermischen. Soße mit Salz und einer kräftigen Prise Cayennepfeffer scharf abschmecken. Rohkostsalat mit der Soße mischen und auf Tellern verteilen.

Pro Portion 3 g pflanzliches Eiweiß, 2 g tierisches Eiweiß, 5 g Fett, 11 g Kohlenhydrate; 110 Kalorien/460 Joule.

Süß-saure Linsensuppe

1 Kartoffel (etwa 250 g), 1 säuerlicher Apfel (etwa 250 g), 2 rote Paprikaschoten (etwa 250 g), 1 frische grüne Pfefferschote, 250 g Zwiebeln, 200 g Tomaten, 1 Stück Ingwerwurzel (etwa 2 cm lang), 2 Eßl. Öl (Sonnenblumen- oder Distelöl), 300 g braune Linsen, Salz, je 1 Teel. gemahlene Gelbwurz (Kurkuma), Kreuzkümmel (Kumin) und Koriander, 1/2 Zitrone.

Kartoffel und Apfel schälen, waschen und würfeln. Paprikaschoten und Pfefferschote putzen, waschen und in Streifen schneiden. Kerne der Pfefferschote entfernen. Zwiebeln und Tomaten abziehen und grob zerkleinern. Geschälten Ingwer in Scheiben schneiden. Öl erhitzen. Kartoffel, Apfel, die Hälfte der Paprika- und Pfefferschoten, Zwiebeln, Tomaten und Linsen darin anbraten. Eineinhalb Liter Wasser und Salz zugeben.

Aufkochen und zugedeckt bei kleiner Hitze 60 Minuten kochen lassen. Suppe pürieren. Alle Gewürze und Zitronensaft untermischen. Restliche Paprika- und Pfefferschoten fünf Minuten in der Suppe kochen.

Pro Portion 9 g pflanzliches Eiweiß, – tierisches Eiweiß, 3 g Fett, 27 g Kohlenhydrate; 175 Kalorien/733 Joule. (Foto siehe Bildteil)

Fladenbrote

1 grüne Pfefferschote, 400 g Weizenvollkornmehl,
100 g Roggenvollkornmehl, Salz, etwa 350 ccm Buttermilch,
Mehl für die Arbeitsfläche, Öl zum Backen.

Pfefferschote halbieren, Kerne entfernen, Schote in ganz dünne Streifen schneiden. Mit den beiden Mehlsorten, Salz und der lauwarmen Buttermilch mischen. Teig mit den Händen kräftig kneten, bis er glatt und geschmeidig ist. Zu einem Kloß formen, in leicht geöltes Pergamentpapier wickeln und mindestens zwei Stunden bei Zimmertemperatur ruhenlassen. Teigkloß in 20 Stücke teilen. Jedes Stück noch einmal durchkneten und auf wenig Mehl zu einem dünnen Fladen ausrollen. Pfanne mit wenig Öl auspinseln. Fladen darin bei kleiner bis mittlerer Hitze pro Seite etwa eine Minute backen, bis sie leicht gebräunt sind.

Pro Portion 6 g pflanzliches Eiweiß, 1 g tierisches Eiweiß, 7 g Fett, 34 g Kohlenhydrate; 245 Kalorien/1020 Joule.

Ananascurry mit Bohnengemüse

3 Kokosnüsse (etwa 1,2 kg), 250 g schwarze Bohnen (ersatzweise andere getrocknete Bohnenkerne), 1 frische grüne Pfefferschote, 1 Stück frische Ingwerwurzel und 1 Stück Zimtstange (je etwa 3 cm lang), 1 Teel. Safranfäden, Salz, 2 frische Ananas (etwa 1,4 kg), 1 Zitrone, 1 Eßl. Öl (Distel-, Sonnenblumen- oder Maiskeimöl), je 1 Teel. Bockshornkleesamen und gemahlener Gelbwurz (Kurkuma), je 1/2 Teel. gemahlener Kreuzkümmel (Kumin), Koriander und Zimtpulver, 3 Becher Joghurt (3,5 %) von je 150 g, 1 Becher saure Sahne (100 g), Cayennepfeffer, 2 Eßl. frisch gehackte Petersilie.

Kokosnüsse öffnen, mit dem ausgelösten Fleisch eine Kokosmilch zubereiten (siehe Kasten Seite 173) und die Bohnen zugedeckt darin acht Stunden einweichen. Pfefferschote halbieren, Kerne entfernen. Halbe Schote, geschälte Ingwerwurzel, Zimt und Safran zu den Bohnen geben. Einmal aufkochen und zugedeckt bei kleiner Hitze 90 Minuten garen. Verbliebene Flüssigkeit bei großer bis mittlerer Hitze in weiteren 30 Minuten sämig einkochen lassen, dabei häufig umrühren, damit nichts anbrennt. Curry mit Salz abschmecken und warm halten. Ananas putzen, schälen und mit dem härteren inneren Kern in etwa ein Zentimeter große Würfel schneiden. Restliche Pfefferschote in dünne Streifen schneiden. Ein etwa fünf Zentimeter langes Stück Zitronenschale dünn abschälen und in feine Streifen schneiden. Zitrone auspressen. Öl erhitzen, Bockshornkleesamen, Gelbwurz, Kreuzkümmel, Koriander und Zimt darin anbraten. Ananas, Pfefferschote, Zitronenschale und -saft zugeben. Aufkochen und zugedeckt sieben bis zehn Minuten garen. Joghurt mit saurer Sahne schaumig schlagen. Mit Cayennepfeffer scharf abschmecken. Petersilie untermischen. Ananascurry und Bohnengemüse in vorgewärmten Schüsseln anrichten. Gewürzten Joghurt dazu servieren.

Pro Portion 11 g pflanzliches Eiweiß, 2 g tierisches Eiweiß, 48 g Fett, 48 g Kohlenhydrate; 700 Kalorien/2930 Joule.

Weißkohlcurry mit Sojamilch

1 Kopf Weißkohl (etwa 1,2 kg), 1 Zwiebel, 1 Knoblauchzehe, 1 frische grüne Pfefferschote, 1 Eßl. Öl (Sonnenblumen- oder Distelöl), je 1 Eßl. gemahlener Gelbwurz (Kurkuma) und gemahlener Kreuzkümmel (Kumin), 1/4 Teel. Muskat und Ingwerpulver, Salz, 1/2 Packung ungesüßten Sojadrink (250 g).

Geputzten, gewaschenen Kohl in fingerbreite Streifen schneiden, Zwiebel und Knoblauch abziehen und hacken. Pfefferschote vorbereiten (siehe Tip). Öl erhitzen. Zwiebel, Knoblauch, Pfefferschote und Gewürze darin anbraten. Kohl, Salz und Sojamilch untermischen. Aufkochen und zugedeckt bei kleiner Hitze zehn Minuten garen, dabei häufig umrühren, damit nichts anbrennt.

Pro Portion 2 g pflanzliches Eiweiß, – tierisches Eiweiß, 2 g Fett, 6 g Kohlenhydrate; 50 Kalorien/209 Joule.

TIP: Mild gewürzt ist ein Currygericht, wenn Sie eine unzerkleinerte Pfefferschote ohne Kerne mitgaren, die Sie vor dem Servieren wieder entfernen. Mittelscharf wird es mit einer zerkleinerten Pfefferschote ohne Kerne. Sehr scharf schmeckt das Curry, wenn sie die Pfefferschote zerkleinern und die Kerne mitverwenden.

Orangenreis

2 unbehandelte Orangen, 500 g Langkornreis, 1 Teel. Kardamomkapseln, 6 Gewürznelken, Salz.

Eine Orange heiß abwaschen, abtrocknen und zwei etwa zehn Zentimeter lange Schalenstücke dünn abschneiden. Schale in feine Streifen schneiden. Orangen auspressen. Reis mit Orangenschale und -saft, Gewürzen, Salz und 800 Kubikzentimeter Wasser aufkochen. Zugedeckt bei kleiner Hitze in etwa 25 Minuten ausquellen lassen.

Pro Portion 4 g pflanzliches Eiweiß, – tierisches Eiweiß, – Fett, 43 g Kohlenhydrate; 175 Kalorien/733 Joule.

TIP: Der nähr- und ballaststoffreiche Naturreis braucht zum Garen etwa 45 Minuten und bleibt immer etwas klebrig. Wer das nicht mag, wählt elfenbeinfarbenen Parboiled-Reis, der schon nach etwa 20 Minuten körnig und weich ist. Im Gegensatz zu Naturreis enthält Parboiled-Reis allerdings nur wenige Ballaststoffe; Vitamine und Mineralstoffe jedoch bleiben durch ein spezielles Verfahren erhalten. Parboiled-Reis sollten Sie deshalb innerhalb einer Mahlzeit durch Lebensmittel mit hohem Ballaststoffanteil ergänzen, z. B. mit Hülsenfrüchten und/oder Gemüse.

Tee-Eis mit Kiwis und Bananen

1 Eßl schwarzer Tee (Assam), 1/8 l Milch, 3 Eier, 3 Eßl. Honig, 1 Teel. Zimtpulver, 1 Messerspitze gemahlene Naturvanille, 1/4 Zitrone, 1 Becher Schlagsahne (250 g), 50 g Korinthen, 1 Orange, 3 Bananen (etwa 400 g), 4 reife Kiwis (etwa 400 g), 75 g gehackte Walnußkerne, 1 Teel. Zuckerrohrgranulat.

Tee mit Milch aufkochen und zugedeckt zehn Minuten ziehen lassen. Teemilch absieben, mit Eiern, Honig, Vanille und abgeriebener Zitronenschale über dem warmen Wasserbad (siehe Rezept »Holländische Soße«, Seite 24) zu einer schaumigen Creme aufschlagen. Steif geschlagene Sahne unterziehen. In das Gefriergerät stellen und in etwa vier Stunden fest werden lassen. Dabei etwa jede Stunde kräftig durchrühren, damit sich keine Eiskristalle bilden. Korinthen im Orangensaft zwei Stunden ziehen lassen. Bananen und Kiwis schälen und zerkleinern. Mit Korinthen, Nüssen und Zuckerrohrgranulat mischen. Eis portionieren und mit dem Obst anrichten.

Pro Portion 2 g pflanzliches Eiweiß, 3 g tierisches Eiweiß, 15 g Fett, 28 g Kohlenhydrate; 260 Kalorien/1088 Joule.

Kokosmilch zubereiten

In Kokosmilch gegarte Currygerichte schmecken besonders gut, weil Kokos die Schärfe etwas mildert. Kaufen Sie möglichst eine wirklich frische Kokosnuß: sie muß bei kräftigem Schütteln deutlich »gluckern«; dann nämlich enthält sie noch die milchige Flüssigkeit, die bei längerem Lagern allmählich verdunstet. Zum Öffnen der Nuß brauchen Sie einen Hammer und einen stabilen Schraubenzieher. Legen Sie die Nuß so auf eine feste Unterlage, daß die runden Vertiefungen, die als kleines Dreieck am spitzen Ende der Nuß sitzen, nach oben zeigen. Den Schraubenzieher nun wie einen Nagel auf diese Vertiefungen setzen und mit Hilfe des Hammers ein Loch hineinschlagen. Die Schale der Nuß durch drehende und hebelartige Bewegungen mit dem Schraubenzieher aufbrechen und von den Bruchstellen ausgehend ablösen. (Vorsicht: An den scharfen Kanten der Nußschale kann man sich verletzen.) Die Flüssigkeit im Innern der Nuß möglichst auffangen; sie schmeckt angenehm erfrischend.

Für die Kokosmilch das ausgelöste Fleisch in Stücke brechen und portionsweise mit lauwarmen Wasser pürieren: Für 300 Gramm Kokosfleisch brauchen Sie etwa einen dreiviertel Liter Wasser. Dann ein Sieb mit einem Küchentuch auslegen und über eine Schüssel hängen, um die abfließende Milch aufzufangen. Flüssiges Kokospüree ins Sieb schütten und mit Hilfe des Tuches gut ausdrücken, damit möglichst viel Milch ausgepreßt wird. Flocken wegwerfen.

7. Menü

Im Team »Afrikanisch« zu kochen

1.
Hirsesalat mit rohem Gemüse

2.
Kürbissuppe
3.
Linsenbällchen
mit Joghurt-Gurken-Soße

4.
Marokkanischer Eintopf mit Couscous

Für 6 Personen

Dieses Menü ist von der nordafrikanischen Küche beeinflußt und vor allem für Leute geeignet, die häufig vegetarisch essen. Es enthält viele ungewöhnliche Zutaten, die einmal ganz andersartig schmecken. Am besten kocht man gemeinsam, denn es sind viele kleine Arbeitsschritte zu erledigen. Linsenbällchen und Eintopf sollten geübtere Köchinnen und Köche zubereiten, denn bei beiden Gerichten ist gekonntes Würzen wichtig. Zum Abschluß des Essens servieren Sie am besten Käse: zum süßsauren Eintopf würde ein Dessert nicht so gut passen.

Tips für den Einkauf

Im Supermarkt gibt es: Dickmilch, Senf, Crème fraîche, Joghurt, Pfefferminztee, einige Gewürze;
im Grünen Laden oder Reformhaus: Hirse, Instant-Gemüsebrühe, (kaltgepreßtes) Öl in verschiedenen Sorten, Weizenvollkornmehl, Kreuzkümmel, rote Linsen, Gelbwurz, Koriander, ungeschwefelte getrocknete Pflaumen, Datteln, Korinthen, Couscous, Nelkenpfeffer, Mandeln;
beim Gemüsehändler: Möhren, Lauchzwiebeln, Paprikaschoten, Avocado, Zitrone, Kürbis, alle Kräuter, Salatgurke, Staudensellerie, Fenchel, Aubergine, Quitte, Limette, Orange, Ingwer.

Vorbereitung

- Am Vorabend oder morgens: getrocknete Pflaumen einweichen;
- zweieinhalb Stunden vor dem Essen: Hirse und Linsen garen. Couscous anfeuchten, Datteln und Korinthen zu den Pflaumen geben, Salatdressing und Teig für Bällchen mischen (Gesamtdauer etwa 45 Minuten);
- etwa eindreiviertel Stunden vor dem Essen: Joghurt-Gurken-Soße zubereiten, alle Zutaten für Salat, Suppe und Eintopf vorbereiten. Linsenbällchen braten und warm halten (Gesamtdauer etwa 70 Minuten);
- etwa 35 Minuten vor dem Essen: Couscous aufsetzen, Salat anrichten, Kürbissuppe garen;
- nach den Linsenbällchen: Eintopf zubereiten (Gesamtdauer etwa 20 Minuten).

Hirsesalat mit rohem Gemüse

*100 g Hirse, 200 ccm Gemüsebrühe, 300 g Möhren,
1 Bund Lauchzwiebeln (ersatzweise 2 dünne Porreestangen oder
2 Bund Schnittlauch), 2 rote Paprikaschoten (etwa 400 g), 1 Avocado,
1 kleine Zitrone, 1 Becher Dickmilch (200 g), 2 Eßl. Schlagsahne,
Salz, frisch gemahlener weißer Pfeffer, 1 Teel. scharfer Senf,
1 Teel. Öl (Sonnenblumen- oder Maiskeimöl).*

Hirse mit Gemüsebrühe aufkochen und zugedeckt bei kleiner Hitze in etwa 35 Minuten weich garen. Möhren schälen, waschen und in Scheiben schneiden. Lauchzwiebeln putzen, waschen und mit etwa zwei Drittel der grünen Blätter in Streifen schneiden. Geputzte, gewaschene Paprikaschoten hobeln. Alle diese Zutaten mit der Hirse mischen und auf Tellern anrichten. Avocado halbieren. Kern herauslösen, Hälften schälen und in Stücke schneiden. Auf dem Salat verteilen und mit Zitronensaft beträufeln. Für die Soße Dickmilch mit Sahne, Salz, Pfeffer, Senf und Öl verrühren. Soße auf den Salat geben.

Pro Portion 4 g pflanzliches Eiweiß, 1 g tierisches Eiweiß, 13 g Fett, 23 g Kohlenhydrate; 235 Kalorien/984 Joule. (Foto siehe Bildteil)

Kürbissuppe

*500 g Kürbisfleisch, 1 große Zwiebel, 1 Knoblauchzehe,
1 Eßl. Butter, 2 Teel. Weizenvollkornmehl, 1 l Gemüsebrühe,
Salz, frisch gemahlener weißer Pfeffer, Muskat,
1/2 Teel. gemahlener Kreuzkümmel (Kumin), 3 Eßl. Crème fraîche,
1 Bund Schnittlauch.*

Kürbis in kleine Würfel schneiden. Zwiebel und Knoblauch abziehen, hacken und in der zerlassenen Butter unter Rühren glasig braten. Kürbis zugeben und unter Wenden kurz mitbraten. Mehl darüberstäuben, Gemüsebrühe unterrühren. Aufkochen und zugedeckt bei kleiner Hitze zehn Minuten garen. Suppe pürieren, mit Salz, Pfeffer, Muskat und Kreuzkümmel abschmecken. Crème fraîche untermischen. Schnittlauch waschen, trockentupfen, in Röllchen schneiden und über die Suppe streuen.

Pro Portion 2 g pflanzliches Eiweiß, – tierisches Eiweiß, 4 g Fett, 6 g Kohlenhydrate; 70 Kalorien/293 Joule.

Linsenbällchen mit Joghurt-Gurken-Soße

250 g rote Linsen, 1 kleine Zwiebel, 2 Knoblauchzehen, je 1/2 Bund Schnittlauch und Petersilie, Salz, frisch gemahlener schwarzer Pfeffer, je 1/2 Teel. gemahlener Gelbwurz (Kurkuma), gemahlener Kreuzkümmel (Kumin) und gemahlener Koriander, Cayennepfeffer, 1 Eßl. Weizenvollkornmehl, 250 g Salatgurke, 1 kleines Bund Dill, 2 Becher Joghurt (3,5 %) von je 150 g, 1 Teel. kaltgepreßtes Öl (Maiskeim- oder Olivenöl), Öl zu Braten.

Linsen in einem halben Liter Wasser 20 Minuten garen, abgießen und pürieren. Abgezogene Zwiebel und Knoblauch sowie vorbereitete Kräuter fein zerkleinern, mit Linsenpüree, Salz, Pfeffer, allen Gewürzen und Mehl zu einem formbaren Teig verkneten. Wenn er an den Fingern klebt, etwas Mehl unterkneten; wenn er zu trocken ist, tropfenweise Wasser zugeben. Teig zu walnußgroßen Bällchen formen. Für die Soße geschälte Gurke raspeln, gewaschenen Dill hacken. Beide Zutaten mit Joghurt und Öl mischen. Mit Salz und Pfeffer abschmecken. Linsenbällchen in reichlich Öl portionsweise jeweils vier Minuten braten und auf Küchenpapier abtropfen lassen. Warm oder kalt mit der Soße anrichten.

Pro Portion 12 g pflanzliches Eiweiß, 2 g tierisches Eiweiß, 12 g Fett, 28 g Kohlenhydrate; 275 Kalorien/1151 Joule.

Marokkanischer Eintopf mit Couscous

100 g getrocknete Pflaumen, 1/8 l frisch gekochter Pfefferminztee, je 50 g Datteln und Korinthen, 250 g Couscous, 1 Eßl. Butter, je 150 g Staudensellerie, Fenchelknolle und Möhren, 1 kleine Aubergine (etwa 200 g), 1 Quitte (etwa 200 g), 1 Limette (ersatzweise 1 kleine Zitrone), 1 kleine Orange, 1 Zwiebel, 2 Knoblauchzehen, 1 Stück frische Ingwerwurzel (etwa 2 cm lang), 1 Eßl. Öl (Distel-, Maiskeim- oder Sonnenblumenöl), 1/8 l Gemüsebrühe, je 1/4 Teel. gemahlener Koriander, gemahlener Kreuzkümmel (Kumin) und Zimt, 1 Messerspitze Nelkenpfeffer, Muskat, Cayennepfeffer, Salz, 100 g gehackte Mandeln, 1 Bund Petersilie.

Entsteinte Pflaumen zugedeckt im abgekühlten Tee vier Stunden einweichen. Entkernte Datteln und Korinthen zugeben und weitere 60 Minuten ziehen lassen. Couscous und 350 Kubikzentimeter kaltes Wasser mit einem Holzlöffel vermischen, bis der Couscous gleichmäßig befeuchtet ist. 30 Minuten quellen lassen, dann zwischen den Fingern zerreiben, bis er wieder locker ist. In einem festschließenden Topf etwa fingerhoch Wasser zum Kochen bringen. Couscous pyramidenförmig einschichten, Butter in Flöckchen darauf verteilen. Topfdeckel mit einem Küchentuch umwickeln. Couscous bei kleinster Hitze zugedeckt 60 Minuten garen. Inzwischen Pflaumen und Datteln in Stücke schneiden. Tee mit Korinthen zum Schmoren des Gemüses aufbewahren. Sellerie- und Fenchelblättchen abschneiden und beiseite legen. Alle Gemüse putzen, waschen und zerkleinern: Sellerie in etwa zwei Zentimeter breite Stücke, halbierte Fenchelknolle in Streifen, Möhren in Stifte schneiden, Aubergine würfeln. Geschälte Quitte, Limette und Orange in Schnitze teilen. Zwiebeln und Knoblauch abziehen und grob hacken. Ingwer schälen und ganz lassen. Öl erhitzen. Zwiebel und Knoblauch darin glasig braten. Ingwer, Pflaumen, Datteln, Gemüse, frisches Obst, Tee mit Korinthen und Brühe zugeben. Gewürze untermischen. Aufkochen und zugedeckt bei kleiner Hitze zehn Minuten garen. Ingwer entfernen. Eintopf mit Salz abschmecken,

Mandeln untermischen. Gewaschene Petersilie, Sellerie- und Fenchelblättchen fein hacken und darüberstreuen. Couscous zum Eintopf servieren.

Pro Portion 10 g pflanzliches Eiweiß, – tierisches Eiweiß, 13 g Fett, 74 g Kohlenhydrate; 460 Kalorien/1926 Joule.

Register